새 연세한국어 듣기와 읽기 3-2

연세대학교 한국어학당 편

연세대학교 출판문화원

머리말

연세대학교 한국어학당은 1959년에 설립된 한국 최초의 외국어로서의 한국어 교육 기관이다. 연세대학교 한국어학당은 그간의 역사와 명성에 걸맞게 다양한 한국어 교재 편찬 및 관련 연구를 해 옴으로써 한국어 교육을 선도해 왔다. 지금까지 전 세계에서 온 약 147개국의 14만 명에 이르는 한국어 학습자들에게 한국어와 한국 문화를 가르쳐 왔으며, 최근에는 오프라인 한국어 교육뿐만 아니라 세계 각국의 한국어 학습자들을 대상으로 글로벌 온라인 대중 공개 강좌(MOOC)를 개설하여 학습자들로부터 큰 호응을 얻고 있다. 특히 최근 빠른 속도로 변화해 가는 교육 환경에 맞추어 새로운 교수법과 교수 자료 개발에 힘을 기울이는 등 끊임없는 노력을 하고 있다.

연세대학교 한국어학당은 그간 일반 목적 한국어 학습자들뿐만 아니라 특수 목적 한국어 학습자들을 대상으로 정규 과정, 단기 과정, 대학 한국어 과정 등 다양한 교육 과정을 개설 운영하면서 학습자의 요구에 부응하는 최상의 교재를 개발해 왔다. 이러한 교재들은 국내외의 한국어 교육 기관에서 교사와 학습자들의 다양한 요구를 충족시키며 양질의 한국어 교수·학습을 위해 널리 사용되고 있다.

연세대학교 한국어학당은 그간 가장 큰 호응을 받아 왔던 '연세한국어' 1급~6급의 뒤를 이을 새로운 교재로 '새 연세한국어' 시리즈를 기획 출간하게 되었다. 이 교재의 개발을 위해 한국어 교육 현장 경험이 풍부한 전문 한국어 교육학자 및 교사들이 대거 투입되었고 최상의 한국어 교수법 및 학습자 집단의 요구에 대한 이해를 바탕으로 개발 작업이 장기간에 걸쳐 수행되었다.

이번에 출간된 '새 연세한국어' 시리즈는 총 6단계로 각 단계마다 어휘와 문법 교재, 말하기와 쓰기 교재, 듣기와 읽기 교재로 구성되어 있다. '새 연세한국어 어휘와 문법'은 한국어 학습자들이 각 숙달도별로 가장 필수적으로 익혀야 하는 주요 어휘와 문법에 대한 이해와 활용을 중심으로 구성되었다. '새 연세한국어 말하기와 쓰기'는 원활한 한국어 의사소통을 위해 꼭 필요한 표현 기능을 수행할 수 있도록 말하기, 쓰기 과제를 중심으로 구성되었다. 또한 '새 연세한국어 듣기와 읽기'는 듣기, 읽기 과제를 중심으로 각 급별 숙달도에 적절한 이해 능력을 함양시킬 수 있도록 구성되었다. 이 세 권의 교재는 어휘·문법, 표현, 이해 능력의 고른 발달을 위해 패키지로 함께 사용될 수도 있고, 교육 현장 여건이나 학습자의 요구에 따라 별도로 사용될 수도 있다. 또한 어휘와 문법 교재의 경우 별도의 지침서가 무료로 제공되므로 교육 경험이 다소 부족한 국내외의 한국어 교사들에게 유용한 길잡이가 될 수 있을 것이다.

연세대학교 한국어학당은 앞으로도 전 세계의 한국어 학습자들의 요구와 기대에 부응하는 교재 개발을 위해 최선을 다할 것이다. 아울러 본 교재가 국내외에서 한국어 교육을 위해 노력을 아끼지 않는 많은 교사와 한국어 학습을 위해 노력하는 모든 학습자들에게 크게 도움이 되기를 바란다.

연세대학교 언어연구교육원

한국어학당 교재편찬위원회

일러두기

01 이 책은 <새 연세한국어 어휘와 문법3>, <새 연세한국어 말하기와 쓰기3>과 함께 한국어 중급 학습자들을 위한 교재이다.

02 이 책은 한국어 중급 학습자들이 한국어로 된 글과 말을 읽거나 듣고 이해할 수 있는 능력을 키우기 위해 구성된 이해 능력 개발 교재이다.

03 이 책은 총 20과이며 각 과는 2개 항으로 구성되어 총 40개 항이 있다. 그리고 2개 과마다 복습을 할 수 있도록 복습 10개 항을 구성했으며 2개 항마다 한국 문화에 대한 소개가 있다. 각 항은 각각 50분 수업 분량으로 이 책은 총 50개 항으로 구성되어 있다.

04 이 책의 각 항은 '제목, 학습 목표, 준비해 봅시다, 읽어 봅시다(들어 봅시다)/들어 봅시다(읽어 봅시다), 정리해 봅시다'의 3단계로 구성되었다. 이해 교재의 모든 항은 듣기와 읽기의 기능이 통합된 형태로 구성되는데, 단원의 내용과 성격에 따라 듣기 활동과 읽기 활동의 내용의 순서를 달리 하였다.

05 각 과의 제목은 <새 연세한국어 어휘와 문법 3>과 동일하나 각 항의 제목은 해당 항의 내용을 대표할 수 있는 개념으로 항의 제목을 설정했다. 또한 제목 옆에 QR코드를 넣어 녹음된 내용을 쉽게 확인할 수 있도록 하였다.

06 학습 목표는 '-을 이해할 수 있다' 또는 ' ~ 관련 내용을 이해할 수 있다'와 같이 이해 기능이 드러나도록 기술했다.

07 '준비해 봅시다'는 각 항의 들어가기에 해당되며 해당 단원의 읽기와 듣기 내용의 이해를 돕기 위한 준비 단계이다. 단원의 주제와 내용에 대한 배경지식을 환기시키는 시각 자료의 제시와 단원 학습 내용과 관련된 필수적인 어휘 학습 및 활동으로 구성된다. 그러나 단순 어휘 학습이 아니라 이해 교재의 특성이 잘 반영될 수 있도록 문장이나 맥락 안에서 사용된 어휘를 접하도록 하여 학습자들의 이해를 돕고자 하였다.

08 '읽어 봅시다'는 중급 단계의 학습 목표에 따라 일상생활에서의 문어 의사소통 능력 향상시키는 데 초점을 두어 실생활에서 접할 수 있는 다양한 자료를 제시하였다. 일상생활뿐만 아니라 사회적 맥락에서 접할 수 있는 다양한 실용문들을 읽고 내용을 파악하도록 하는 유형이 많다.

09 '들어 봅시다'는 구어를 통해 실생활에서 활용가능한 의사소통 능력을 배양할 수 있도록 하였다. 듣기 지문의 경우 짧은 담화 듣기에서 시작하여 긴 담화 듣기로 듣기 단위를 순차적으로 확대하여 제시하였다. 담화는 일상생활 듣기뿐만 아니라 뉴스, 방송, 광고, 캠페인, 토론 등 공식적이고 사회적인 맥락까지 고려하여 제시하였다.

10 '정리해 봅시다'는 학습한 내용을 학습자 스스로 확인 및 점검을 하면서 다른 언어 능력과의 통합 교육을 통해 언어 능력을 강화하고자 설정한 부분이다. 이 부분에서는 학습 내용을 말하기, 듣기, 읽기, 쓰기 활동과 통합될 수 있도록 구성하였다.

11 '복습'은 선행 학습된 2개 과의 어휘와 심화된 주제를 이해할 수 있는 읽기나 듣기 활동으로구성되었다. 각 항에서 배운 내용을 감안하여 듣기와 읽기 중 한 기능에 초점을 두고 다른 한 기능을 연계시켜 통합적인 학습이 가능하도록 유도하였다.

12 '문화'는 복습 항 마지막 부분에 문화 텍스트가 삽화 자료와 함께 제시된다. 문화 항목 중 이해 교재의 특성에 부합하는 내용을 선정하여 정보 문화 중심으로 구성하였다.

13 '부록'에는 읽기 번역과 듣기 지문 및 번역을 함께 실었으며, 정답과 어휘 색인 목록을 제시하였다.

단원구성

과	소단원	학습 목표	문형	문화
11과 새로운 경험	<1> 서울 글로벌 센터 이용	서울 글로벌센터 이용 방법과 행사에 대한 내용을 이해할 수 있다.	-는다고 하던데 -는 대로	
	<2> 한국 문화 체험	한국의 템플 스테이 체험에 대한 내용을 이해할 수 있다.	-기는 하다 -다니	
12과 여행	<1> 관광 안내소 이용	관광 안내소 이용과 관광 정보에 대한 내용을 이해할 수 있다.	-을 만하다 -는답니다	역사가 숨쉬는 서울 성곽길
	<2> 여행 감상 이야기	여행한 후 느낀 감상에 대한 내용을 이해할 수 있다.	-을 뿐만 아니라 -이며 -이며	
13과 쇼핑	<1> 인터넷 쇼핑	인터넷 쇼핑의 장점과 단점에 대한 내용을 이해할 수 있다.	만 못하다 -기도 하다	한국의 선물 문화
	<2> 교환과 환불	물건을 교환하거나 환불하는 방법에 대한 내용을 이해할 수 있다.	-을걸요 -거나 하면	
14과 초대	<1> 국제 교류 행사	국제 교류 행사를 소개하고 초대하는 내용을 이해할 수 있다.	-느라고 -는단 말이에요?	
	<2> 방문 예절	초대 받았을 때의 예의에 대한 내용을 듣고 이해할 수 있다.	-어다가 -다니요?	
15과 일과 생활	<1> 하고 싶은 일	장래에 하고 싶은 일에 대한 내용을 이해할 수 있다.	-는 걸 보니 -기만 하면 되다	유학생 상담센터 소개
	<2> 아르바이트 면접	다양한 아르바이트 면접 상황에 대한 내용을 이해할 수 있다.	-곤 하다 -건 -건	

과	소단원	학습 목표	문형	문화
16과 고민과 조언	<1> 친구와의 문제	친구와의 문제를 듣고 내용을 이해할 수 있다.	-는 사이에 -는 척하다	유학생 상담센터 소개
	<2> 조언하기	다른 사람에게 조언하는 내용을 이해할 수 있다.	-지 그래요? -거든	
17과 부탁과 거절	<1> 부탁하기	다양한 상황에서 부탁하는 내용을 이해할 수 있다.	-을지 모르겠다 -고 해서	한국의 모임 문화
	<2> 부탁 거절하기	부탁을 거절하는 방법에 대한 내용을 이해할 수 있다.	-지 -을 텐데요	
18과 모임	<1> 생활 속의 모임	친한 사람들과의 모임 활동에 대한 내용을 이해할 수 있다.	-는다고 해서[1] -었다가[2]	
	<2> 스터디 모임	다양한 스터디 모임 활동에 대한 내용을 이해할 수 있다.	-었다면 -을 수도 있다	
19과 놀이 문화	<1> 한국의 민속놀이	한국의 민속놀이에 대한 내용을 이해할 수 있다.	을 가지고 -었었	정월 대보름
	<2> 현대의 놀이 문화	한국의 현대 놀이 문화에 대한 내용을 듣고 이해할 수 있다.	이나[4] -을수록	
20과 생활 정보	<1> 대학 생활 앱	대학 생활 정보 제공 앱을 소개하는 내용을 이해할 수 있다.	-어 버리다 -는 모양이다	
	<2> 유학 생활 정보	유학 생활에 도움이 되는 정보에 대한 내용을 이해할 수 있다.	-었을 텐데요 만 하다	

차례

머리말 / iii
일러두기 / iv
단원구성 / vi
등장인물 / ix

3-2

제11과	새로운 경험	2
제12과	여행	8
제13과	쇼핑	16
제14과	초대	22
제15과	일과 생활	32
제16과	고민과 조언	38
제17과	부탁과 거절	46
제18과	모임	52
제19과	놀이 문화	60
제20과	생활 정보	66

부록 모범 답안(교재) / 74
색인 / 80

별책 언어별 번역

3-1

제1과	소개	2
제2과	학교 생활	8
제3과	집	16
제4과	일상생활	22
제5과	음식과 요리	30
제6과	병원	36
제7과	문화생활	44
제8과	생활 습관	50
제9과	문제와 해결	58
제10과	실수와 사과	70

등장인물 | Main characters

에릭 파커
- 미국
- 한국어학당 학생
- 한국전자 직원

존 카마우
- 케냐
- 한국어학당 학생
- 교환학생

사토 유키
- 일본
- 한국어학당 학생
- 기자

리타오
- 중국
- 한국어학당 학생
- 대학 입학 예정자

노라 한슨
- 노르웨이
- 한국어학당 학생
- 대학원 입학 예정자

최주앙
- 브라질
- 한국어학당 학생
- 대학 휴학생

응웬 흐엉
- 베트남
- 한국어학당 학생

레오 마르탱
- 프랑스
- 한국어학당 학생
- 요리사

올리비아 스미스
- 호주
- 한국어학당 학생
- 외교관

이윤아
- 한국
- 대학생

정하늘
- 한국
- 대학생

김우진
- 한국
- 한국전자 직원

11과

새로운 경험

1. 서울 글로벌센터 이용

MP3 / 22

• 학습 목표: 서울 글로벌센터 이용 방법과 행사에 대한 내용을 이해할 수 있다.

I. 준비해 봅시다

1 서울 글로벌센터는 어떤 일을 하는 곳일까요? 이야기해 봅시다.

2 다음을 읽고 이 아르바이트를 할 수 있는 사람을 고르십시오. (　　)

서울 글로벌센터에서
외국인 아르바이트생을 찾습니다

- 기간 : 2021.7~2021.12(6개월)
- 언어 : 영어(2명), 중국어(1명)
- 하는 일 : 외국인 행사에 갔다 온 후에 SNS에 글 올리기
- 근무 시간 : 주 14시간
- 1시간에 10,000원
- 18세 이상
- TOPIK 4급 이상

① 마이클	② 웨이	③ 흐엉
국적: 미국 TOPIK: 4급 한국에 있는 기간: 2021년 1월 ~ 2021년 6월	국적: 중국 TOPIK: 4급 한국에 있는 기간: 2021년 6월 ~ 2022년 1월	국적: 베트남 TOPIK: 5급 한국에 있는 기간: 2021년 6월 ~ 2021년 11월

Ⅱ. 들어 봅시다

1 여자는 남자에게 무엇을 하고 있습니까? 고르십시오. ( )

① 거절 ② 부탁 ③ 사과 ④ 설명

2 다음을 듣고 남자가 벼룩시장에서 팔 수 없는 물건을 고르십시오.
(, , , ,)

① 전통 음식 ② 술 ③ 꽃 ④ 관광 안내 책 ⑤ 엽서
⑥ 열쇠고리 ⑦ 칼 ⑧ 강아지 ⑨ 안 입는 옷 ⑩ 비누

3 다음 이야기를 듣고 질문에 답하십시오.

1) 이 이야기의 중심 내용은 무엇입니까? ( )

① 서울 글로벌센터의 위치
② 서울 글로벌센터의 소개
③ 서울 글로벌센터의 장점
④ 서울 글로벌센터의 단점

2) 들은 내용과 다른 것을 고르십시오. ( )

① 이곳은 외국인들을 위한 서비스를 하는 곳이다.
② 서울 생활이 처음인 외국인을 위한 프로그램이 있다.
③ 부동산 문제에 대해 상담을 받으려면 한국어를 잘해야 한다.
④ 프로그램에 신청하면 사업가를 직접 만나서 대화를 나눌 수 있다.

자세하다 찾아보다 벼룩시장 수공예품 식물 잔돈 법률 교육 놓치다 사업가

3) 빈 칸을 채우십시오.

상담 서비스	교육 서비스	멘토링 서비스	문화 행사
부동산 법률	❶ ______ ❷ ______	한국 사업가와 연결	❸ ______ ❹ ______ 벼룩시장

III. 정리해 봅시다

여러분 나라에는 서울 글로벌센터와 같이 외국인들을 위한 일을 하는 곳이 있습니까? 그곳에서는 무엇을 합니까? 이야기해 봅시다.

11과 새로운 경험

2. 한국 문화 체험

MP3 / 23

• 학습 목표: 한국의 템플 스테이 체험에 대한 내용을 이해할 수 있다.

Ⅰ. 준비해 봅시다

1 한국에서 어떤 문화 체험을 해 봤습니까? 이야기해 봅시다.

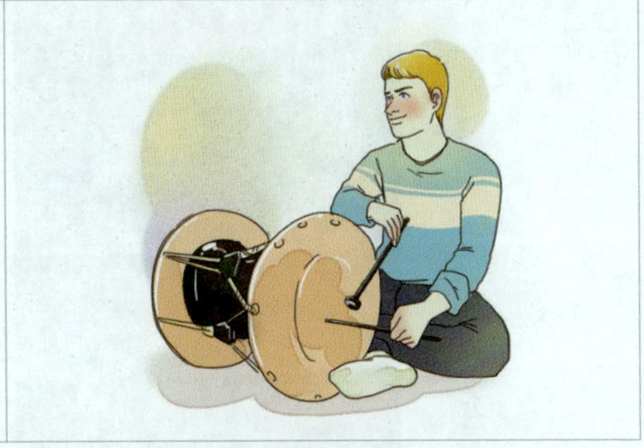

2 다음을 듣고 대화가 끝난 후에 여자가 친구에게 보낼 문자 메시지로 적절한 것을 고르십시오. (　　)

① 전에 태권도 배우고 싶다고 했잖아. 이번 주말에 배우러 가자. 내가 태권도를 배워 본 친구에게 태권도 선생님 연락처를 알아 놓았어.

② 혹시 태권도라고 들어봤어? 내 친구가 전에 해 봤다고 하는데 아주 재미있대. 나는 이번 주말에 태권도를 배워볼 생각인데 너는 어때?

③ 너한테 맞는 태권도 학원을 찾았어. 우리 같은 외국인을 위해서 영어로 가르쳐준대. 선생님이 쉽게 가르쳐 준다고 하니까 오늘 가 볼래?

시간이 천천히 흐르는 곳, 템플 스테이

나는 평소에 산이나 강 같은 자연 속에서 조용히 시간을 보내는 것을 좋아한다. 어느 날 템플 스테이 광고를 보고 이것은 나를 위한 체험이라고 생각했다. 광고에서는 템플 스테이를 하면 조용한 절에서 한국의 불교 문화를 느낄 수 있고 또 여러 가지 활동을 하면서 즐거운 추억을 만들 수 있다고 했다. 그래서 나는 친구와 템플 스테이를 신청했다.

친구와 나는 오후 3시쯤에 절에 도착했다. 절에는 템플 스테이를 신청한 사람들이 많았다. 스님 한 분이 이곳에서 하면 안 되는 것들에 대해서 말씀해 주셨다. 옆 사람과 큰 소리로 이야기를 하던 아저씨, 신발을 신고 절 방안으로 들어온 외국인, 음료수를 마시면서 절 안을 돌아다니던 대학생, 짧은 반바지를 입고 절에 온 여학생은 스님에게 주의를 들었다. 또 지켜야 할 것들도 알게 되었다. 다른 사람을 보면 손을 모으고 서로 인사를 해야 했고, 자는 시간과 일어나는 시간을 지켜야 했다.

우리는 스님이 말씀하신 것들을 잘 지키면서 하루를 보냈다. 먼저 불상 앞에서 절을 했다. 절은 마음을 깨끗하게 하기 위해서 한다고 했다. 저녁 6시에 식사를 했는데 메뉴는 밥하고 채소였다. 절은 불교를 믿는 곳이기 때문에 고기하고 계란은 요리 재료로 사용하지 않는다고 했다. 저녁을 먹은 후에는 꽃 전등을 만들었다. 밤에 전등을 보니까 무척 아름다웠다.

우리는 다음날 새벽 4시에 일어나서 아침을 먹고 템플 스테이를 마쳤다. 나는 템플 스테이를 하면서 내가 지금까지 어떻게 살았는지, 앞으로 한국에서 무엇을 할 것인지를 생각했다. 자신에 대해 깊게 생각해 볼 것이 있거나 고민이 있는 사람에게 템플 스테이를 권하고 싶다.

1 이 글은 어떤 글입니까? (　　)

① 편지　② 소설　③ 설명문　④ 문화 체험기

절　불교　스님　돌아다니다　주의　불상　절을 하다　믿다　전등　문화 체험기

2 템플 스테이의 좋은 점이 아닌 것을 고르십시오. (   )

① 새 친구들을 사귈 수 있다.
② 한국 불교 문화를 알게 된다.
③ 여러 가지 추억을 쌓을 수 있다.
④ 자신의 과거와 미래를 생각해 보게 된다.

3 템플 스테이를 할 때 주의해야 하는 것을 고르십시오. (,   ,   ,   )

① 짧은 반바지를 입으면 안 된다.
② 절의 방 안에 들어갈 때 신발을 벗어야 한다.
③ 음식을 만들 때 채소를 넣으면 안 된다.
④ 옆 사람과 큰 소리로 이야기하면 안 된다.
⑤ 다른 사람을 만났을 때 인사하면 안 된다.
⑥ 음료수를 마시면서 절 안을 돌아다니면 안 된다.

4 읽은 내용과 맞는 내용을 고르십시오. (   )

① 절을 하는 것은 건강에 도움이 된다.
② 절에서는 음식을 만들 때 달걀을 사용하지 않는다.
③ 템플 스테이는 고민이 없으면 하지 않는 것이 좋다.
④ 템플 스테이를 할 때 일어나는 시간은 정해져 있지 않다.

Ⅲ. 정리해 봅시다

한국에서 어떤 문화 체험을 해 보고 싶습니까? 같이 이야기해 봅시다.

12과 여행

1. 관광 안내소 이용

MP3 / 24

• 학습 목표: 관광 안내소 이용과 관광 정보에 대한 내용을 이해할 수 있다.

I. 준비해 봅시다

1 여러분은 관광 안내소에 가서 무슨 질문을 합니까? 이야기해 봅시다.

2 다음 글에서 설명하는 것이 무엇인지 고르십시오. (　　)

서울일보

'움직이는 관광 안내소'를 아십니까?

한국 관광 공사가 한국을 방문한 외국인 관광객에게 한국을 여행할 때 가장 불편했던 점이 무엇이냐고 물었더니 52.3%의 사람들이 '말이 통하지 않는 것'이라고 답했다. 외국인 관광객들의 이러한 불편을 덜기 위해서 '움직이는 관광 안내소' 서비스를 시작했다. 이 서비스는 관광 안내원들이 관광객이 많은 길거리로 나와 직접 관광객을 도와주는 것이다. 이 서비스는 관광객이 많은 명동에서 7명의 관광 안내원으로 처음 시작했다.

현재 명동, 남대문시장, 신촌, 동대문, 홍대 등 9곳의 서울 관광지에서 80여 명이 '움직이는 관광안내소' 로 활동 중이다. 이들은 식당, 쇼핑, 관광지, 숙박 관련 일 그리고 관광객들의 개인적으로 불편한 일까지도 도와주면서 다시 찾고 싶은 한국을 만들기 위해서 노력하고 있다.

김우빈 기자

①

②

③

④

II. 들어 봅시다

1 여자는 남자에게 어떤 조언을 했습니까? 고르십시오. (　　)

① 지도를 미리 준비하세요.
② 관광 안내소를 이용해 보세요.
③ 식당을 꼭 알아보고 떠나세요.
④ 여행 계획을 잘 세워야 후회하지 않아요.

2 다음을 듣고 맞는 내용을 빈 칸에 쓰십시오.

① 여행지:
② 여행 기간:
③ 관광안내소 위치: ______ 역 ______번 출구 근처

3 다음 이야기를 듣고 질문에 답하십시오.

1) 들은 내용과 같은 것을 고르십시오. (　　)

① 여자는 하루 일정으로 속초에 여행을 왔다.
② 중앙 공원에 가면 아름다운 일출을 볼 수 있다.
③ 여자는 여행 전에 짠 일정대로 여행을 하고 있다.
④ 남자는 여자에게 전망대에 가장 먼저 갈 것을 권했다.

2) 관광 안내소에서 알려준 정보가 아닌 것을 고르십시오. (　　)

① 숙박 시설　② 날씨 정보　③ 주변 관광지　④ 관광지 대표 음식

코스　일출　대표하다　전망대　팸플릿

3) 이 사람의 여행 일정을 순서대로 쓰십시오.

❶ 속초 전망대 / ❷ 중앙 공원 / ❸ 설악산 / ❹ 오징어순대 식당 / ❺ 동해 바다
(　　　　　　) → (　　　　　　) → (　　　　　　)

관광 안내소 직원이 되어 친구와 서로 이야기해 보십시오.

서울

?

꼭 가 봐야 할 곳
여행하기 좋은 계절
꼭 먹어 봐야 하는 음식
조심해야 할 것

제주도

인천

12과 여행

2. 여행 감상 이야기

MP3 / 25

• 학습 목표: 여행한 후 느낀 감상에 대한 내용을 이해할 수 있다.

Ⅰ. 준비해 봅시다

1 가장 기억에 남는 여행지는 어디입니까? 이야기해 봅시다.

2 여행을 다녀온 친구와의 대화를 듣고 써 보십시오.

여행 장소 : 제주도

여행 기간 : ① ___ 박 ___ 일

숙박한 곳 :

② ______

숙박한 곳의 장점:

③ ______

④ ______

⑤ ______

오랜 만에 다시 간 제주

신혼여행으로 제주도에 다녀온 게 엊그제 같은데 아이를 데리고 제주도 여행을 하게 되니까 기분이 아주 좋았다.

우리 가족은 사람들에게 잘 알려지지 않은 제주도의 숨은 보석 같은 곳을 찾아보기로 했다. 그래서 찾아간 곳이 '큰엉해안'이다. '큰엉'이란 제주도 사투리로 '큰 언덕'이라는 뜻인데, 바다를 향해서 입을 크게 벌리고 있는 모양이 신기했다. '큰엉해안'에는 인디언의 얼굴과 비슷한 바위가 있고 제주 여자의 모습을 표현한 조각상도 있다. 그 길을 따라서 걷다 보면 나뭇가지들이 만들어 낸 한국 지도 모양을 볼 수 있었는데 정말 신기했다. 우리는 저녁을 먹기 위해 제주도 사람들이 추천한 흑돼지 식당에 갔다. 제주도의 흑돼지는 씹는 느낌과 맛이 뛰어난 것으로 유명하다.

다음 날 우리는 바닷속을 구경하기 위해서 해수욕장에 갔다. 바다에서 스노클링을 하면서 작은 거북이와 여러 가지 물고기를 볼 수 있었는데, 물고기들이 나를 보고도 놀라지 않아 신기했다. 그날은 파도가 심해서 앞이 잘 보이지 않았지만 예쁜 물고기 사진을 몇 장 찍을 수 있었다. 지금 봐도 그 때 물속에서의 느낌이 다시 살아나는 것 같다.

우리는 재미있는 물놀이를 마치고 서울로 돌아오기 위해 공항으로 출발했다. 공항 근처 식당에서 해물탕을 먹었는데, 해물탕 안에 들어 있는 여러 가지 해산물들이 아주 신선하고 국물도 맛있어서 지금 생각해도 또 먹고 싶어진다. 우리는 서울로 돌아오는 비행기 안에서 시간을 내서 또 다시 제주도에 오자고 약속을 했다.

사투리 보석 언덕 바위 숨다 인디언 조각상 놀랍다 흑돼지
스노클링 파도 물놀이 해물탕

1 '큰엉해안'에 대한 설명으로 맞는 것을 고르십시오. (　　)

① 인디언 모양의 조각상이 있다.
② 한국 지도 모양의 큰 언덕이 있다.
③ 제주도 여자를 표현한 조각상을 볼 수 있다.
④ '큰엉'이란 제주도 사투리로 '큰 바위'라는 뜻이다.

2 읽은 내용과 다른 것을 고르십시오. (　　)

① 바다에서 스노클링을 했다.
② 파도가 세서 앞이 잘 보이지 않았다.
③ 공항으로 가는 길에 흑돼지를 먹었다.
④ 우리는 다시 제주도를 방문하기로 했다.

3 이 사람은 제주도에서 무엇을 했습니까? 순서대로 쓰십시오.

	첫째 날	둘째 날
간 곳	큰엉해안, ① (　　　)	② (　　　), 공항 근처 식당
먹은 음식	③ (　　　)	④ (　　　)

4 '큰엉해안'을 왜 숨은 보석 같은 곳이라고 했습니까? 이유를 쓰십시오.

III. 정리해 봅시다

여러분은 두 번 이상 간 여행지가 있습니까? 소개해 보십시오.

복습

1 다음을 읽고 질문에 답하십시오.

서울 김장 문화제에 오세요!

11월 3일부터 5일까지 서울 광장에서 '제5회 서울 김장 문화제'가 열린다. '서울 김장 문화제'는 '김장 문화'에 관한 모든 것을 보여 주는데, 직접 경험하고 맛볼 수 있는 서울의 대표적인 축제다. 김치 담그는 체험도 무료로 직접 해 보고 맛있는 김치를 집에 가지고 갈 수 있는 좋은 기회를 놓치지 말자.

'서울 김장 문화제'는 '우리집 김장간', '명인의 김장간', '요리사의 김장간', '외국인 김장간' 총 4개 프로그램으로 나뉘어 있다.

특히 올해는 '우리집 김장을 서울 김장 문화제에서 하자'란 주제로 '우리집 김장간'을 크게 준비했다. 명인과 함께 1인당 5kg의 김장 김치를 무료로 담그는 프로그램이다. 홈페이지에서 자신이 좋아하는 명인을 선택해서 신청하면 된다. 또한 자신이 담근 김치는 택배 서비스를 이용해서 편리하게 집으로 보낼 수 있다. 단, 택배비는 자기가 내야 한다.

'명인의 김장간'에서는 여러 명인과 마을 사람들이 함께 모여 김장을 하던 옛 한국 여인의 모습을 관람객들에게 보여준다. 관람객들은 명인들의 김치를 시식해 볼 수 있다.

'요리사의 김장간'은 절 음식 요리로 유명한 스님과 청년 요리사들이 '전통과 건강의 만남'을 주제로 한 김치 요리법을 소개하는 강좌를 연다.

'외국인 김장간'은 김치 이야기 수업과 외국인이 직접 김치 담그기를 해 보는 특별한 외국인 김장 체험 프로그램이다.

각 프로그램에 신청을 원하는 사람은 9월 7일부터 홈페이지(www.seoulkimchi.com)에서 신청하면 된다.

맛보다 김장간 명인 택배비 옛 시식하다 강좌 각

1. **왜 이 글을 썼습니까? (　　)**

① 축제를 소개하려고　② 모임을 소개하려고
③ 신입 회원을 모집하려고　④ 축제 자원 봉사자를 모집하려고

2. **'서울 김장 문화제'에서 볼 수 없는 것을 고르십시오. (　　)**

① '옛날 김장간'　② '명인의 김장간'
③ '우리집 김장간'　④ '외국인의 김장간'

3. **읽은 내용과 같은 것을 고르십시오. (　　)**

① 참가자는 택배비를 내지 않아도 된다.
② 돈을 내면 김치 담그는 수업을 들을 수 있다.
③ 체험 신청은 인터넷과 전화로 할 수 있어 편하다.
④ 외국인이 직접 김치를 담그는 체험을 해 볼 수 있다.

문화

역사가 숨 쉬는 서울 성곽길

서울 성곽길은 역사와 문화, 자연이 잘 어우러진 아름다운 도시 건축으로 서울의 역사와 문화가 살아 숨 쉬는 자랑스러운 한국의 문화 유산입니다. 전 세계의 오래된 도시들은 대부분 나라의 국경이나 도시를 지키려고 성곽을 많이 쌓았습니다. 조선을 세운 태조 이성계 역시 한양을 수도로 하고 1396년(태조 5년)에 한양 둘레에 약 18km의 성곽을 쌓았습니다. 이후 세종 때에는 흙으로 된 곳들을 모두 돌로 바꾸어 쌓았고, 영조 때에는 성곽 동쪽 부근에 방어를 효율적으로 할 수 있게 담을 쌓았습니다. '서울성곽'의 일부 구간은 성곽길을 따라 걸을 수 있게 해 놓아서 시민들의 산책길로 사랑을 받고 있기도 합니다.

1. **오래된 도시들은 왜 성곽을 만들었습니까?**
2. **여러분 나라에도 이런 성곽길이 있습니까?**

13과 쇼핑

1. 인터넷 쇼핑

MP3 / 26

• 학습 목표: 인터넷 쇼핑의 장점과 단점에 대한 내용을 이해할 수 있다.

Ⅰ. 준비해 봅시다

1 여러분은 인터넷 쇼핑으로 무엇을 자주 삽니까? 인터넷으로 사면 어떤 점이 좋은지 이야기해 보십시오.

2 언제 이 앱을 이용할 수 있습니까? 듣고 고르십시오. (,   )

①

②
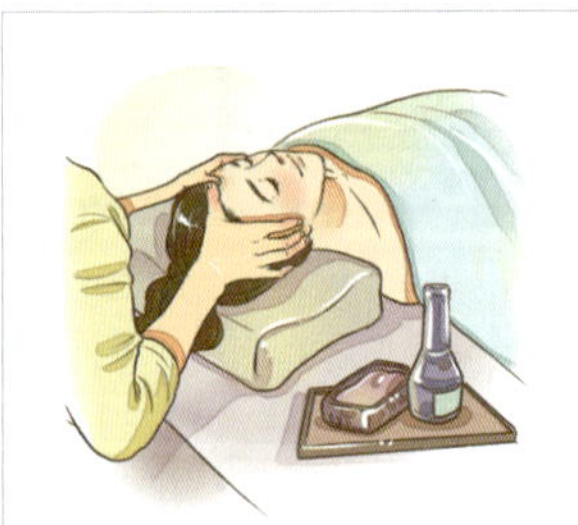

③

④

II. 읽어 봅시다

http://www.ohshopping.co.kr

믿고 찾는 오! 쇼핑

EASY 컴퓨터 책상

색깔 흰색

크기 1100×700×750mm

가격 58,000원

*모레 도착. 배송비 무료.

장바구니 담기 바로 사기 >

소나무 ★★★★★

저는 3년 전에 사서 지금까지도 잘 쓰고 있어요. 얼마나 튼튼한지 몰라요. 그래서 동생 집들이 선물로 또 주문했어요. 하나의 완성된 제품이 아니라 각 부분을 끼워서 만들어야 하는데 그걸 힘들어 하시는 분들도 있지만 저는 하나씩 끼워서 직접 만들어 쓰니까 더 재미있었어요. 저는 혼자 만들었지만 도와주는 사람이 있으면 별로 어렵지 않을 거예요. 선물해 준다고 하니까 동생도 정말 좋아해요.

불만제로 ★☆☆☆☆

책상에서 나무 부스러기가 떨어져서 이전 책상만 못해요. 오쇼핑 고객센터에 여러 번 전화를 했지만 가구 회사에서는 지금까지 저에게 한 번도 연락하지 않았어요. 새집으로 이사 갔는데 부스러기가 계속 떨어져서 하루에 5-6번은 청소를 해야 해요. 고객 센터에서 가구 회사에 전화해도 명절 연휴이기 때문에 전화를 받지 않는대요. 화가 나서 책상을 3일 안에 가져가지 않으면 버린다고 했는데도 가구 회사에서는 연락을 안 했어요. 결국 고객센터에서 카드 결제 취소를 해 줘서 환불은 받았지만 이 회사 물건을 다시는 사고 싶지 않아요.

장바구니 배송비 소나무 튼튼하다 완성되다 부분 끼우다 불만 부스러기

1 이 책상에 대한 내용으로 맞는 것을 고르십시오. (　　)

① 이 책상은 색깔이 어둡다.
② 이 책상은 소나무로 만들었다.
③ 이 책상은 예쁘지만 고장 나기 쉽다.
④ 이 책상은 컴퓨터를 쓸 때 사용하기 좋다.

2 맞으면 ○, 틀리면 × 하십시오.

1) 이 책상을 사서 동생하고 같이 만들었다. (　　　)
2) 이 책상을 오늘 사면 이틀 후에 받을 수 있다. (　　　)
3) 이 책상은 다른 사람이 도와주지 않아도 만들 수 있다. (　　　)

3 '소나무'가 이 책상을 다시 산 이유는 무엇입니까? (　　)

① 써 보고 아주 좋았기 때문에
② 끼워서 만드는 재미가 있어서
③ 동생이 사고 싶어 했기 때문에
④ 전에 쓰던 책상을 못 쓰게 됐기 때문에

4 '불만제로'가 이 책상을 다시 사고 싶지 않은 이유는 무엇입니까? (　　)

① 책상이 쉽게 더러워져서
② 새 집에 어울리지 않아서
③ 집에 배송되는 시간이 오래 걸려서
④ 가구 회사의 태도가 마음에 안 들어서

Ⅲ. 정리해 봅시다

인터넷 쇼핑을 잘하는 자신만의 방법이 있습니까? 이야기해 봅시다.

태도

13과 쇼핑

2. 교환과 환불

MP3 / 27

• 학습 목표: 물건을 교환하거나 환불하는 방법에 대한 내용을 이해할 수 있다.

Ⅰ. 준비해 봅시다

1 교환이나 환불을 할 수 없는 경우가 있습니까? 이야기해 봅시다.

2 다음 상황에서 할 수 있는 방법이 무엇인지 찾으십시오.

주문 취소, 교환, 환불 안내

<table>
<tr><td>주문 신청</td><td>결제 완료</td><td>상품 준비 중</td><td>배달 완료</td></tr>
<tr><td colspan="2">온라인 주문 취소가 가능합니다.</td><td colspan="2">판매 회사에 문의하십시오.</td></tr>
</table>

1) 지금 막 카드 결제를 했는데 다른 카드로 바꾸고 싶습니다. 주문을 취소할 수 있을까요? •

2) 운동화 색깔이 마음에 안 들어서 바꾸고 싶었는데, 제가 집에 없을 때 택배 기사님께서 벌써 경비실에 물건을 맡기고 가셨다고 합니다. 교환하려면 어떻게 해야 합니까? •

• ㉠ 저희 사이트에서 직접 신청하실 수 있습니다.

• ㉡ 판매자에게 직접 문의하시기 바랍니다.

1 여자가 다음에 할 일은 무엇입니까? 고르십시오. (　　)

① 받은 물건을 사용해 본다.
② 남자에게 개인 정보를 알려준다.
③ 방송에 나오는 물건을 주문한다.
④ 물건에 대해 설명해 달라고 한다.

2 다음을 듣고 들은 내용과 같은 것을 고르십시오. (　　)

① 남자는 자신이 직접 쓸 물건을 샀다.
② 남자는 물건을 직접 가지고 갈 것이다.
③ 물건을 5만 원 이상 사면 택배비를 내지 않는다.
④ 물건을 산 매장으로 직접 가지 않으면 교환이 어렵다.

3 다음 이야기를 듣고 질문에 답하십시오.

1) 듣고 써 넣으십시오.

상담 내용 기록
상담자 : 김진석

고객 정보
성명 : 정윤아
연락처 : 010-2123-3124
주문한 상품 : (①　　　　　　)
내용 : 돌려보내고 싶어 함.
비용 : (②　　　　　　)

안심하다　물걸레　기회　자신이 있다　교환권

2) 들은 내용과 같은 것을 고르십시오. (　　)

① 여자는 물건을 살 때 카드로 결제했다.
② 여자는 고장 난 물건이 와서 화가 났다.
③ 여자는 다른 물건으로 교환을 하기를 원한다.
④ 물건을 돌려보내는 비용은 택배 기사에게 주면 된다.

3) 상담원이 할 일을 순서에 맞게 쓰십시오.

입금 확인	→	(① 　　　　) 확인	→	(② 　　　　) 취소

III. 정리해 봅시다

여러분이 산 물건에 문제가 생겼을 때 어떻게 해결했습니까?

14과 초대

1. 국제 교류 행사

MP3 / 28

• 학습 목표: 국제 교류 행사를 소개하고 초대하는 내용을 이해할 수 있다.

Ⅰ. 준비해 봅시다

1 여러분은 국제 교류 행사에 참가한 적이 있습니까? 이야기해 봅시다.

2 다음을 듣고 이 학교 부서에서 하는 일을 고르십시오. (　　,　　)

① 직원이 유학 상담을 해 준다.
② 외국인 유학생을 연결해 준다.
③ 유학 갈 나라의 정보를 얻을 수 있다.
④ 여러 국제 학생 교류 동아리를 소개해 준다.

Ⅱ. 읽어 봅시다

연주시에서 시민 여러분을 초대합니다.

연주시 국제 교류 행사가 오는 5월 19일 시민 공원에서 열린다. 매년 봄에 열리고 있는 이 행사는 연주시 시민들과 외국인들이 교류하는 기회를 가지고, 어린이와 청소년에게 국제 교류의 중요성을 알리기 위해 시작됐다.

올해로 세 번째 열리는 이번 행사에서는 다양한 체험과 활동이 더욱 많아졌다.

중국, 베트남, 몽골, 러시아, 인도네시아 등 여러 나라 대사관의 도움을 받아 세계 여러 나라의 다양한 옷을 전시하는데, 관람객들은 여러 나라의 전통 의상을 입고 기념사진도 찍을 수 있다.

또 한쪽에서는 한국의 부채 등 여러 가지 공예품을 직접 만들어 볼 수 있고, 그 옆에서는 필리핀, 일본, 터키, 태국 등 여러 국가의 음식과 한국의 여러 지역 음식을 먹어 보기도 하고 만들어 보기도 하는 행사를 한다. 특히 김치 전시회를 크게 열어 한국 각 지역의 유명한 김치를 먹어 보고 살 수도 있다.

이곳에 오면 여러 다양한 공연도 볼 수 있다. 연주시 국제 교류 센터의 회원들이 그동안 연습한 일본과 태국의 춤을 보여준다. 연주 초등학교 학생들은 태권도 공연을, 외국인 학교 중고등학생들은 합창 공연을 준비했다.

오후 1시부터는 '우리는 하나'를 주제로 그림 그리기 대회도 열린다. 만 5세부터 18세의 어린이와 청소년들이라면 누구나 참가할 수 있고, 일등부터 삼등까지 상장과 상품을 준다. 또 상을 받은 작품은 연주시 국제 교류 센터 로비에 전시한 후, 국제 교류 센터의 광고에도 사용된다. 그림 그리기 대회에 참가한 모든 어린이와 청소년들은 기념 티셔츠와 모자를 받을 수 있다. 신청은 5월 7일 오후 5시까지이며, 신청서는 이메일로 보내거나 직접 국제 교류 센터를 방문해서 내면 된다.

연주일보 이미경 기자

교류 청소년 중요성 전시하다 공예품 지역 합창 예술 일등 상장 상품 기념

1 이 기사의 제목으로 알맞은 것을 고르십시오. (　　)

① 연주시에서 그림 대회가 열려
② 연주시에서 주민과 외국인이 함께하는 행사 열려
③ 연주시에서 여러 나라의 옷과 물건 전시회가 열려
④ 연주시에서 한국 문화의 다양성을 보여주는 행사가 열려

2 누가 무슨 공연을 합니까? 맞는 것에 연결하십시오.

1) 초등학생 • 　　　　• ① 춤
2) 중고등학생 • 　　　　• ② 노래
3) 국제 교류 센터 회원 • 　　　　• ③ 태권도

3 이 행사에 없는 것은 무엇입니까? (　　)

①

②

③

④

4 그림 그리기 대회 포스터를 완성하십시오.

우리는 하나!

날짜 ❶ (　　　월　　　일)
장소 시민공원
신청 ❷ (　　　월　　　일　　　시)까지
이메일(yeonjoocityicc@org.kr) / 국제 교류 센터 방문

- 참가 연령: ❸ (　　　　　)
- 1등부터 3등까지 상장과 ❹ (　　　)을 드립니다.
- 상을 받은 작품은 국제 교류 센터 로비에서 전시회를 하고 국제 교류 센터의 광고에 사용됩니다.
- 대회에 온 모든 어린이와 청소년들에게는 선물로 ❺ (　　　　　)를 드립니다.

연주시 국제 교류 센터 080-2123-8550

III. 정리해 봅시다

다음은 국제 행사입니다. 어느 행사에 가고 싶은지 이야기해 봅시다.

14과

초대

2. 방문 예절

MP3 / 29

• 학습 목표: 초대 받았을 때의 예의에 대한 내용을 듣고 이해할 수 있다.

Ⅰ. 준비해 봅시다

1 한국 사람 집에 초대 받은 적이 있습니까? 지켜야 할 예절이 무엇인지 이야기해 봅시다.

2 다음을 읽고 빈 칸에 알맞은 말을 쓰십시오.

이사철인 요즘 집들이를 하는 경우가 많아져서, 이에 따라 집들이 선물을 고민하는 사람들도 많아지고 있다. 집들이 선물 전문 쇼핑몰의 한 관계자는 요즘도 절반 이상의 사람들이 세제나 휴지를 선물하는데, 전과 다르게 건강에 좋은 재료로 만든 세제나 휴지를 선물한다고 한다. 또 최근 좋은 향기에 대한 관심이 높아져서 세 명 중 한 명이 향기가 좋은 초나 향수를 선물한다고 한다. 그 외에 커피 머신, 토스터나 요리 기구 같은 실용적인 선물도 인기가 있는 것으로 나타났다.

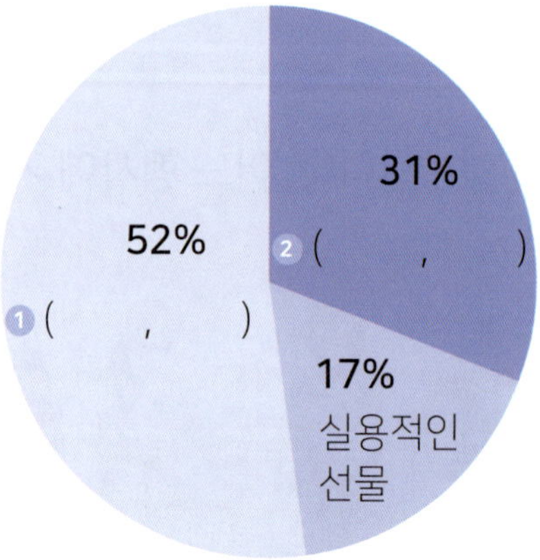

<인기 있는 집들이 선물>

Ⅱ. 들어 봅시다

1 남자는 여자에게 친구의 집들이에 갈 때 무엇을 가지고 가면 좋다고 했습니까? 고르십시오. (　　,　　)

2 여자가 알려준 예의가 <u>아닌</u> 행동은 어떤 것입니까? 고르십시오. (　　)

① 더운 여름이어도 양말을 신고 들어가야 한다.
② 어른과 함께 식사할 때 이야기를 나누어도 된다.
③ 방문할 때는 작은 선물이라도 가지고 가는 것이 좋다.
④ 초대한 사람이 기다리지 않게 일찍 도착하는 것이 좋다.

3 다음을 듣고 질문에 답하십시오.

1) 어떤 나라에서 이런 일을 하면 실례가 될 수 있는지 연결하십시오.

① 배를 선물했다. •	• ㉠ 중국
② 술을 선물했다. •	• ㉡ 브라질
③ 자주색 꽃을 선물했다. •	• ㉢ 말레이시아

긴장이 되다　예의　빈손　나란히　웃어른　국화　죽음　연인　아랫사람
안부　자주색

2) 다른 사람 집을 방문할 때 좋지 않은 선물은 무엇입니까? 찾으십시오.

❶ 폴란드 ❷ 중국 ❸ 프랑스 ❹ 브라질

ㄱ

ㄴ

ㄷ

ㄹ

3) 다른 사람 집을 방문할 때 예의에 맞는 행동과 예의에 맞지 <u>않는</u> 행동을 고르십시오.

1) 예의에 맞는다 (　　　,　　　)

2) 예의에 맞지 않는다 (　　　,　　　)

① 러시아 친구 집에 술을 들고 갔어요.

② 브라질 친구에게 가족들이 잘 지내냐고 물어봤어요.

③ 프랑스 친구 집에 장미 13송이로 만든 꽃다발을 가지고 갔어요.

④ 말레이시아 친구 집에 돼지고기를 넣은 만두를 만들어 갔어요.

Ⅲ. 정리해 봅시다

여러분 고향에서 지켜야 할 방문 예절은 무엇입니까? 이야기해 봅시다.

복습

MP3 / 30

1 다음을 듣고 질문에 답하십시오.

1. 어디에서 하는 방송입니까? (　　)

① 시장　② 라디오　③ 백화점　④ 텔레비전

2. 여행 일정을 메모해 봅시다.

* 여행 일정: ① (　　박　　일)
* 여행 상품 구매 비용: ② (　　원)
* 할 수 있는 것.
· 숙박
· 흑돼지고기 특식
· ③ (　　　　)
· ④ (　　　　)

3. 방송 중에 예약하면 받을 수 있는 서비스를 고르십시오. (　　,　　,　　)

①

②

③

④

⑤

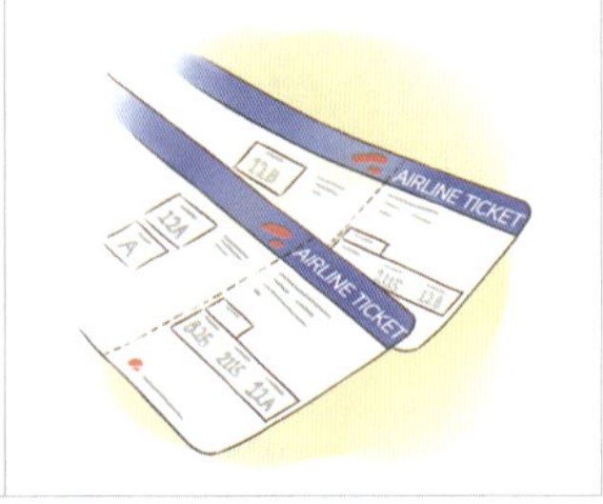

⑥

생방송　짠돌이　반하다　초특가　특식　감귤　승마

4. **들은 내용과 같은 것을 고르십시오. (   )**

① 여자는 여행사 직원이다.
② 남자는 돈을 잘 쓰지 않는 사람이다.
③ 남자는 여행 상품 비용이 비싸다고 생각한다.
④ 여자는 남자에게 제주도 여행을 권하고 있다.

문화

한국의 선물 문화

한국에는 특별한 선물을 주는 날이 있습니다. 집들이에 갈 때 초대받은 사람은 집 주인에게 부자가 되어 잘 살라는 의미가 있는 물건들을 선물합니다. 비누나 세제, 초 같은 것입니다. 또 일이 뭐든지 다 잘 풀리면 좋겠다는 뜻으로 휴지를 선물하기도 합니다.

대학 입학시험을 보는 학생에게는 시험을 잘 보기를 바라는 선물을 합니다. 시험에 합격한다는 말을 '시험에 붙는다'고도 하는데 그래서 시험에 붙으라는 의미로 떡이나 엿 같은 잘 붙는 것을 선물합니다.

부모님께 감사하는 마음을 전하는 어버이날에는 빨간 카네이션을 선물하는데, 빨간 카네이션의 꽃말이 '어머니의 사랑'이라고 합니다.

여러분 나라에서도 이렇게 특별한 의미가 있는 선물을 주고받는 날이 있겠지요? 날짜가 다르고 주고받는 물건이 달라도 상대방을 생각하는 마음은 전세계가 같을 것입니다.

1. **한국에서는 대학 입학시험을 보는 학생에게 무엇을 선물합니까? 왜 그렇게 합니까?**
2. **여러분 나라에서 언제 특별한 의미가 있는 선물을 줍니까?**

15과 일과 생활

1. 하고 싶은 일

MP3 / 31

• 학습 목표: 장래에 하고 싶은 일에 대한 내용을 이해할 수 있다.

Ⅰ. 준비해 봅시다

1 여러분은 장래에 어떤 일을 하고 싶습니까? 이야기해 봅시다.

2 여자와 대화를 한 후에 남자가 부모님께 할 수 있는 말로 적당한 것을 모두 고르십시오. (　　,　　)

① "어머니, 저는 제 꿈을 위해 최선을 다해 보고 싶어요."

② "부모님 말씀이 맞아요. 장래를 생각한다면 공무원 같은 직업을 선택하는 게 낫겠어요."

③ "아버지, 생활이 좀 어려워도 저는 제 꿈을 위해 노력하면서 살고 싶어요. 저에게 시간을 좀 주세요."

HANGUK EMAIL

보낸 사람 에리카

받는 사람 김민수 선생님

제 목 안녕하세요?

존경하는 김민수 선생님, 안녕하세요?

그동안 잘 지내셨어요? 자주 연락을 드리지 못해서 죄송해요.

아침저녁으로 날씨가 많이 추워졌는데 건강은 어떠세요? 감기에 걸리기 쉬운 계절이니까 조심하세요.

저는 아주 잘 지내고 있답니다. 제가 한국에 도착했을 때 한국어도 잘 못하고 가족도 없어서 많이 외롭고 힘들었는데 선생님께서 가족같이 챙겨 주시고 돌봐 주셨지요. 그때 선생님께서 도와주시지 않았다면 저는 아마 유학 생활을 그만두고 고향에 돌아왔을지도 몰라요.

지금은 고향에 있지만 한국어를 잊어버리지 않기 위해 노력하고 있어요. 한국에서 사귀었던 한국 친구들과 영상 통화도 자주 하고, 한국 드라마도 열심히 보고 영화도 자주 보고 있어요. 요즘은 회사 일이 끝나면 제 꿈을 위해서 시간이 날 때마다 글을 쓰고 있는데 생각보다 쉽지 않네요. 힘들어서 글 쓰는 일을 그만두고 싶을 때마다 선생님께서 해 주셨던 말씀을 생각한답니다.

선생님, 수업 시간에 제게 해 주셨던 말씀 기억하세요? 제가 장래에 글 쓰는 일을 하고 싶은데 걱정이라고 말씀드렸을 때, 선생님께서는 자기가 하고 싶은 일을 찾았으면 희망을 버리지 말고 최선을 다해 노력하기만 하면 된다고 말씀해 주셨지요. 그리고 미래를 위해 준비하는 과정은 정말 아름답다고 하셨지요. 그때까지 저는 작가가 되고 싶다는 꿈만 가지고 있었고 그 꿈을 이루기 위한 노력은 별로 하지 않았었는데, 선생님의 말씀을 듣고 꿈을 향해 최선을 다하기로 마음을 먹었어요. 고향에 돌아온 지금도 그때 그 말씀을 생각하며 노력하고 있어요.

제가 지금 쓰고 있는 책이 출판된다면 선생님께 제일 먼저 드리고 싶어요. 기대해 주세요. 항상 건강하시고요, 다시 뵐 때까지 안녕히 계세요.

2020년 11월 23일

에리카 올림

존경하다 아침저녁 그만두다 희망 영상 통화 최선을 다하다 과정 출판되다

1 누가 누구에게 쓴 이메일입니까? (　　)

① 유학 간 딸이 부모님께
② 유학 중인 후배가 선배에게
③ 유학 중인 제자가 선생님께
④ 유학 후에 고향에 돌아간 제자가 선생님께

2 선생님이 하신 조언으로 맞는 것을 고르십시오. (　　,　　)

① 무엇보다도 꿈을 찾는 게 중요해.
② 미래를 위해 준비하는 과정은 그 무엇보다도 소중한 거야.
③ 꿈을 이루기 위한 노력이 힘들게 느껴질 때 잠시 쉬는 게 좋아.
④ 꿈을 이루기 쉽지 않겠지만 최선을 다하는 노력을 아끼지 마라.

3 읽은 내용과 다른 것을 고르십시오. (　　)

① 에리카는 꿈을 이루기 위해서 노력하고 있다.
② 에리카는 책이 나오면 선생님께 드릴 것이다.
③ 에리카는 회사 일과 글 쓰는 일을 같이 하고 있다.
④ 에리카는 꿈을 이루기 위해서 회사를 그만두었다.

III. 정리해 봅시다

여러분이 하고 싶은 일은 무엇입니까? 꿈을 이루기 위해 어떤 노력을 하고 있습니까?

15과 일과 생활

2. 아르바이트 면접

MP3 / 32

• 학습 목표: 다양한 아르바이트 면접 상황에 대한 내용을 이해할 수 있다.

I. 준비해 봅시다

1 면접을 볼 때 무엇을 주의해야 합니까? 이야기해 봅시다.

2 다음 광고를 보고 적당한 곳을 고르십시오.

㉠

<명동 식당>

·위치: 명동역 근처
·하는 일: 설거지
·근무 시간: 오전 10시~ 오후 2시
★시간당 10,000원

㉡

<이태원 피자>

·위치: 이태원
·하는 일: 피자 배달
·근무 시간: 오후 1시~ 오후 9시
★시간당 15,000원
·오토바이 운전 가능자

㉢

<신촌 광고>

·근무 장소: 집, pc방, 사무실 등 인터넷이 가능한 곳
·하는 일: 광고
·근무 시간: 편한 시간에 근무 가능
·신청 방법: 홈페이지 회원 가입 후 신청

① **지혜:** 집에서 아이를 돌보면서 일을 했으면 좋겠어요. (　　　)

② **수진:** 오전에는 수업이 없지만, 4시에는 학원에 가야 해요. (　　　)

③ **민수:** 오전에만 수업이 있어요. 오토바이를 운전할 수 있어요. (　　　)

Ⅱ. 들어 봅시다

1 다음을 듣고 맞는 단어를 보기 에서 고르십시오.

보기
- ㄱ 경력자
- ㄴ 초보자

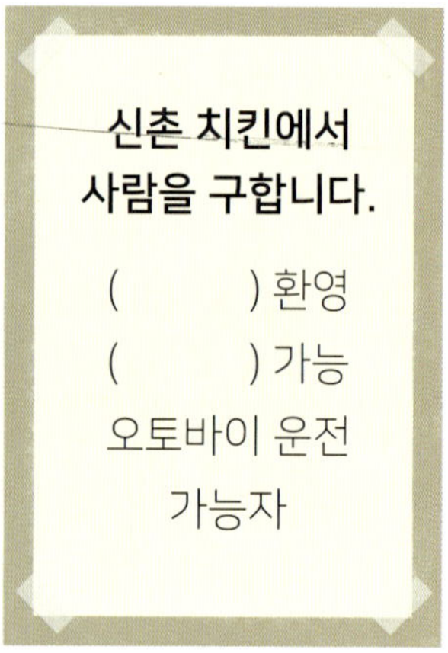

2 다음을 듣고 들은 내용과 같은 것을 고르십시오. (   )

① 남자는 여자를 부러워한다.
② 여자는 방학마다 아르바이트를 했다.
③ 남자는 여자에게 배낭여행지를 추천했다.
④ 남자는 여자에게 아르바이트 일자리를 소개했다.

3 이야기를 듣고 질문에 답하십시오.

1) 이 사람은 이 구인 광고를 어디에서 봤습니까? (   )

① 신문　　② 잡지　　③ 인터넷　　④ 학교 게시판

구하다　경력자　초보자　경비

2) 대화를 듣고 맞는 것에 ✔하십시오.

아르바이트 장소	pc방 (　　) 옷가게 (　　) 식당 (　　) 커피숍 (　　)
근무 시간	주중 5시~10시 (　　) 주말 5시~10시 (　　) 주중 5시~11시 (　　) 주말 5시~11시 (　　)
시급	8,000원 (　　) 9,000원 (　　) 10,000원 (　　) 20,000원 (　　)

3) 들은 내용과 같은 것을 고르십시오. (　　)

① 여자는 영어실력이 좋지 않다.
② 여자는 주말에 근무하기를 원한다.
③ 이 곳은 여자의 집에서 거리가 멀다.
④ 이 곳을 찾는 사람은 한국인보다 외국인이 더 많다.

III. 정리해 봅시다

아르바이트 면접을 볼 때 질문하고 싶은 내용에 대해 이야기해 보십시오.

보수　근무 조건　근무 시간　식사　교통비　하는 일　시급

16과 고민과 조언

1. 친구와의 문제

MP3 / 33

• 학습 목표: 친구와의 문제를 듣고 내용을 이해할 수 있다.

I. 준비해 봅시다

1 여러분은 어떤 일로 고민을 합니까? 이야기해 보십시오.

2 이 사람의 고민은 무엇입니까? 고르십시오. (   )

Q 학교 생활이 힘들어요.
친구가 없어서 외롭습니다. 저는 고등학교 때부터 친구들과 어울리는 것이 편하지 않았고 저에게 먼저 말을 거는 친구도 많지 않았습니다. 그때는 대학에만 가면 다 괜찮아질 거라고 생각했는데 대학생이 된 지금도 별로 나아지지 않았습니다. 예전에는 제가 아니라 다른 친구들에게 문제가 있다고 생각했는데 요즘에는 저에게 문제가 있는 것이 아닐까 하는 생각이 들어서 마음이 무겁습니다.

A 학교 생활이 쉽지 않았을 것 같습니다.
하지만 자신에 대해서 깊이 생각하는 모습은 아주 좋은 출발입니다. 서두르지 말고 할 수 있는 일을 찾아 작은 것부터 시작해 보세요. 먼저 동아리 활동을 해 보면 어떨까요? 학과 모임에도 자주 가고요.

① 진학 ② 경제적 문제 ③ 인간관계 문제 ④ 학과 공부 문제

II. 들어 봅시다

1 다음을 듣고 들은 내용과 같은 것을 고르십시오. (　　)

① 여자는 친구 대신 발표를 했다.
② 여자와 남자는 발표를 같이 준비했다.
③ 남자는 아직 해야 할 발표가 남아 있다.
④ 남자는 발표 점수를 받고 기분이 좋지 않다.

2 여자의 고민은 무엇입니까? 고르십시오. (　　)

① 친구가 거짓말을 해서
② 친구와 생활 방식이 달라서
③ 친구와 서로 사고방식이 맞지 않아서
④ 친구가 자신과의 우정을 중요하게 생각하지 않아서

단짝 친구　우정　사고방식

3 다음을 듣고 질문에 답하십시오.

1) 무슨 이야기입니까? 고르십시오. (　　)

① 강연　　② 뉴스　　③ 발표　　④ 면접

2) 이 문제의 원인이 무엇인지 고르십시오. (　　)

① 친구 문제의 중요성이 알려지지 않아서
② 친구 문제를 상담해 주는 전문가가 없어서
③ 다른 사람의 마음을 이해하려고 하지 않아서
④ 다른 사람의 장점보다는 단점을 크게 생각해서

3) 이 실험에서 학생들이 쓴 카드로 가장 적절한 것을 찾으십시오. (　　)

III. 정리해 봅시다

다른 사람과 문제가 생겼을 때 어떻게 해결했습니까? 이야기해 보십시오.

괴롭히다　당하다　실험　안다　사이좋다

고민과 조언

2. 조언하기

MP3 / 34

• 학습 목표: 다른 사람에게 조언하는 내용을 이해할 수 있다.

I. 준비해 봅시다

1 여러분은 이 사람에게 어떤 도움이 되는 말을 해 주겠습니까? 이야기해 봅시다.

2 긴장을 풀 때 도움이 되는 것은 무엇입니까? 모두 찾으십시오. (,   )

①

②

③

④

한국 심리 상담 연구소

작성자 바다 **작성일** 06.18 **조회** 199

바다 :

저는 특별한 꿈이 있습니다. 저는 제가 좋아하는 노래를 부르고 그 노래로 사람들을 감동시키고 싶습니다. 그런데 부모님은 저와 사고방식이 많이 달라서 제 꿈을 이해하지 못하십니다. 가수보다는 다른 사람들과 똑같이 대학교를 졸업하고 회사에 들어가서 일을 하면 좋겠다고 늘 말씀하십니다. 가끔은 부모님을 위해서 다른 사람과 비슷하게 사는 척이라도 해야 하는 것이 아닐까 하고 생각할 때도 있지만 저는 제 꿈을 포기할 수 없습니다. 그런데 얼마 전에 나간 오디션에서 저는 큰 상처를 받고 말았습니다. 저는 제가 노래를 잘한다고 생각했었는데 그 오디션에 나가서 세상에는 저보다 노래를 잘하는 사람이 정말 많다는 것을 알게 되었고 결국 저는 오디션에서 떨어지고 말았습니다. 저는 노래로 성공하겠다는 꿈만 꾸고 살아 왔는데 이제 노래로 성공할 자신도 없어졌고 부모님께도 뭐라고 말씀드려야 할지 모르겠습니다. 저는 지금도 노래를 사랑하는데 앞으로 계속 제 꿈을 따라가야 할까요? 아니면 포기해야 할까요? 정말 고민입니다.

상담사 :

바다님이 오디션에 나가서 크게 실망을 하신 것 같습니다. 그런데 누구에게나 꿈은 중요합니다. 물론 그 꿈이 항상 성공으로 연결되는 것도 아니고 그 과정이 항상 쉬운 것도 아닙니다. 하지만 꿈꾸는 것을 무서워하지 마십시오. 성공했는지 실패했는지보다는 노력하는 과정에서 느끼는 행복이 더 중요합니다. 좋아하는 일이라면 끝까지 하시라고 말씀드리고 싶습니다. 고민 해결에 도움이 되었기를 바랍니다.

따라가다 상담사 실망하다 포기하다 실패하다 고민 해결

1 이 글은 어디에서 찾을 수 있습니까? (　　)

① 잡지　② 신문　③ 일기장　④ 인터넷 게시판

2 무엇을 원합니까? 맞는 것을 연결하십시오.

1) 바다 •

2) 부모님 •

① 빨리 결혼했으면 좋겠다.

② 평범한 회사원이 되었으면 좋겠다.

③ 음악 관련 회사에서 일했으면 좋겠다.

④ 좋아하는 노래를 계속했으면 좋겠다.

3 이 사람의 고민이 아닌 것은 무엇입니까? (　　)

① 꿈이 없어져서

② 부모님과 생각이 달라서

③ 가수로 성공할 자신이 없어서

④ 나보다 노래를 잘하는 사람이 많아서

4 상담사는 어떤 조언을 해 주었습니까? (　　)

① 작은 일에 실망하면 안 된다.

② 슬픈 일은 나누면 반이 된다.

③ 결과보다는 과정이 중요하다.

④ 노력하면 반드시 성공할 것이다.

Ⅲ. 정리해 봅시다

고민이 있을 때 가까운 사람과 이야기하는 것이 좋을까요, 전문가와 이야기하는 것이 좋을까요? 왜 그렇게 생각합니까?

복습

MP3 / 35

1 다음을 듣고 질문에 답하십시오.

1. **이 강의를 듣는 사람은 누구인지 고르십시오. (   )**

① 학생 ② 친구

③ 부모 ④ 선생님

2. **들은 내용과 다른 것은 무엇입니까? (   )**

① 자존감이 높은 아이는 친구들과 사이좋게 지낸다.

② 아이에게 부모의 생각을 강조하는 것은 좋지 않다.

③ 남을 칭찬할 때 말보다는 행동으로 표현하는 것이 좋다.

④ 다양한 생각을 할 수 있어야 친구를 더 잘 이해할 수 있다.

3. **아이가 잘못했을 때 어떤 말을 해 줘야 할까요? (   )**

① 네가 뭘 알아?

② 너는 도대체 왜 그러니?

③ 친구에게 진심으로 사과해 봐.

④ 다음부터는 그 친구하고 이야기하지 마.

4. **학교 생활을 하면서 고민한 적이 있습니까? 써 봅시다.**

교우 관계 혼내다 원인 자존감 해결책 강조

문화

유학생 상담 센터 소개

한국에서 살고 있는 외국인 유학생 수는 7만 5천여 명으로, 외국인들이 낯선 땅에서 공부하면서 겪어야 하는 불편은 한두 가지가 아닙니다. 이들의 어려움을 덜어주고 각종 정보를 제공하기 위해 전용 상담 센터가 문을 열었습니다. 외국인 유학생 상담 센터에서는 한국의 유학 제도와 장학금, 입학 시험 등 성공적인 한국 유학 생활에 필요한 내용을 각국의 언어로 상담해 주고 있습니다. 외국인 유학생을 위한 국내 생활 안내 책을 만들어 나누어 주는 것은 물론, 우수한 유학생들의 국내 기업 취업 지원의 기회도 확대해 나가고 있습니다. 유학생 상담 센터를 이용하게 되면 유학생들은 한국에서 좀 더 편하게 생활을 할 수 있을 것으로 기대됩니다.

1. **유학생 상담 센터에서는 어떤 일을 하고 있습니까?**
2. **여러분은 유학생 상담 센터에서 어떤 정보를 얻고 싶습니까?**

17과 부탁과 거절

1. 부탁하기

MP3 / 36

• 학습 목표: 다양한 상황에서 부탁하는 내용을 이해할 수 있다.

Ⅰ. 준비해 봅시다

1 여러분은 누구에게 어떤 부탁을 합니까? 이야기해 봅시다.

2 다음은 책의 한 부분입니다. 부탁을 할 때 적절한 상황과 이유를 찾아 보십시오.

부탁을 할 때에는 다음을 생각하는 것이 좋다. 먼저 '부탁을 받는 사람이 어떤 상황에 있는가?'를 생각해야 한다. 부탁을 받는 사람이 너무 바쁘면 내가 하는 부탁이 아무리 가벼운 부탁이라고 해도 거절을 당할 가능성이 높다. 두 번째로 내가 부탁을 왜 해야 하는지 잘 설명해야 한다. 그냥 "커피 좀 사다 줘."라고 부탁하는 것보다 "내가 지금 너무 바빠서 그러는데 혹시 커피 좀 사다 줄 수 있어?"라고 부탁하는 것이 더 낫다는 것이다.

1) 부탁을 받는 사람의 상황 (,)	2) 부탁의 이유 ( )
① 쉬고 있다 ② 일을 하고 있다 ③ 일이 많아 보인다 ④ 여유가 있어 보인다	① "갑자기 고향에 갔다 와야 해서 이번 주에 발표를 못할 것 같아. 괜찮으면 다음 주 네 발표 날짜하고 좀 바꿔줄 수 있을까?" ② "발표 날짜 좀 바꿔 줄 수 있어? 너도 이번 주가 편하잖아."

Ⅱ. 들어 봅시다

1 여자는 남자에게 무슨 부탁을 했습니까? 고르십시오. (   )

① 내일 수업 시간에 배운 것 좀 알려줘.
② 내일 수업 시간에 정리한 공책 좀 보여 줘.
③ 내일 학교에 못 온다고 선생님께 말씀 드려 줘.
④ 내일 부모님과 함께 가면 좋을 식당 좀 알려줘.

2 다음을 듣고 들은 내용과 관계 있는 것을 고르십시오.

ㄱ 남자와의 약속
ㄴ 방 친구와의 약속
ㄷ 친구가 한국말을 못함
ㄹ 빨리 안 된다고 말하기
ㅁ 고향 친구가 실망할 것 같음
ㅂ 한국에서 관광 안내를 해 달라고 함
ㅅ 한국에서 여행할 때 여자 집에서 묵게 해 달라고 함

① 여자가 받은 부탁 (   )
② 여자가 부탁을 들어줄 수 없는 이유 (   )
③ 남자의 조언 (   )

3 다음을 듣고 질문에 답하십시오.

1) 어디에서 들을 수 있는 대화입니까? (   )

① 뉴스 ② 광고 ③ 라디오 프로그램 ④ 드라마 프로그램

묵다

2) 대화에 나온 사람들의 전공과 거절할 때 한 말을 연결하십시오.

❶ 김준수: ( )전공	•	•	㉠ "이건 전문가용이에요."
❷ 지수: ( )전공	•	•	㉡ "제 전공은 디자인인데요."
❸ 남자: ( )전공	•	•	㉢ "저는 수리하는 사람이 아니에요."

3) 여자는 곤란한 부탁을 받으면 어떻게 하라고 합니까? ( )

❶ "좋은 말로 거절하세요."
❷ "미안해하면서 거절하세요."
❸ "못 들어줄 것 같으면 빨리 거절하세요."
❹ "다음에는 들어주겠다고 하고 거절하세요."

Ⅲ. 정리해 봅시다

여러분은 어떤 부탁을 하는 것이 가장 어렵습니까? 그 이유는 무엇입니까? 이야기해 보십시오.

17과 부탁과 거절

2. 부탁 거절하기

MP3 / 37

• 학습 목표: 부탁을 거절하는 내용을 이해할 수 있다.

I. 준비해 봅시다

1 어떤 부탁을 받을 때 곤란합니까? 이야기해 봅시다.

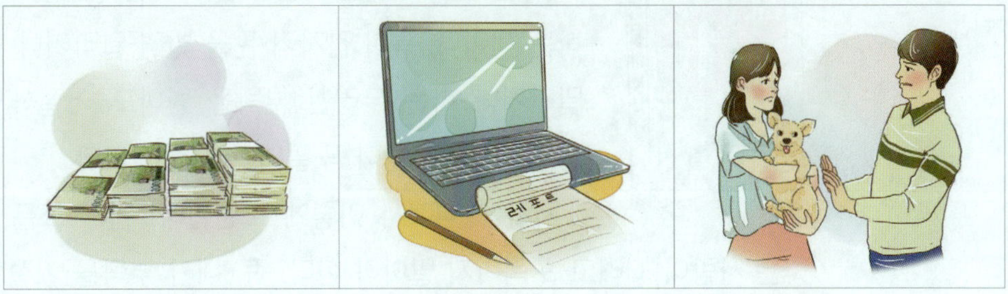

2 남자가 여자의 부탁을 거절한 이유는 무엇입니까? 고르십시오. (　　)

①

②

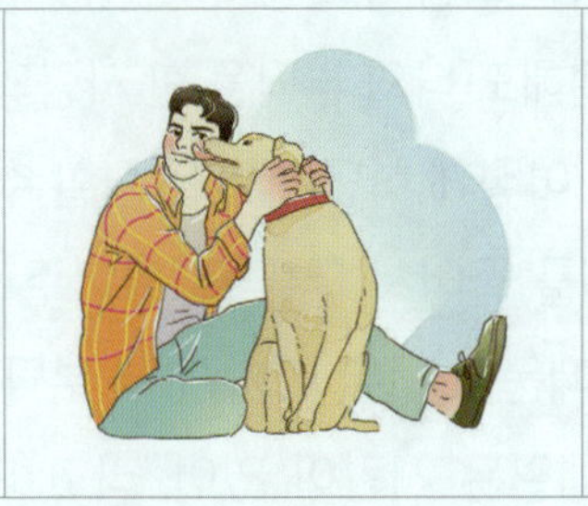

③

'거절하는 사람'을 읽고

거절이 어려운 사람에게

『거절하는 사람』은 거절을 잘 못하는 사람들에게 조언을 하는 책이다. 특히 갑자기 돈을 빌려 달라거나 번역을 해 달라거나 하는 무리한 부탁을 받아도 거절하지 못해서 힘들어하는 사람이 꼭 읽어야 하는 책이다.

저자는 책에서 이렇게 조언한다. 먼저 모든 사람에게 좋은 사람이 되려고 노력하지 말아야 한다. 즉 '내가 부탁을 거절한다면 저 사람이 나를 나쁜 사람이라고 생각하겠지?' 라는 생각은 하지 말아야 한다. 거절하지 못해 부탁을 들어 주겠다고 약속해 놓고서 결국 들어주지 못하게 되면 더 나쁜 결과가 생길 수 있다. 잠깐 불편한 것을 참는 것이 길게 힘든 것보다 낫다. 또 다른 사람이 내 거절에 상처받을 것을 걱정할 필요가 없다. 사람들은 거절을 당해도 생각보다 상처받지 않고 섭섭해 하지 않는다. 그리고 부탁을 거절해도 나와 부탁을 한 사람의 관계는 생각보다 나빠지지 않는다.

그렇다면 어떻게 하면 거절을 잘할 수 있을까? 먼저 이유와 함께 거절하는 게 좋다. 예를 들어서 "부탁을 들어주기 어려워."보다는 "내가 이번 주에는 발표 준비 때문에 너무 바빠서 네 부탁은 못 들어줄 것 같아." 또는 "오늘은 바쁘지만 내일은 시간이 있어."라고 거절하는 것이 더 좋다. 그리고 특히 회사일일 경우 부탁을 들어줄 수 있는 조건을 같이 이야기하는 것이 좋다. "부탁을 들어드리고 싶은데 그러려면 이런 것들이 필요합니다."라고 이야기를 하는 것이 좋은 것이다. 마지막으로 미안하다거나 감사하다는 말을 꼭 해야 한다. "저한테 이런 제안을 해 주셔서 감사합니다만 제가 이번에는 할 수 없을 것 같습니다."라고 대답을 하는 것이 좋다.

이런 조언이 필요하다면, 이 책을 반드시 읽어야 한다. 쉽게 거절할 수 없어서 힘든 사람들에게 이 책을 추천한다.

번역　거절하다　거절을 당하다　제안　섭섭하다

1 이 글은 어떤 글입니까? (   )

① 일상생활의 경험을 쓴 글
② 책을 소개하고 권하는 글
③ 자신의 생각을 자유롭게 쓴 글
④ 주변 사람에게 진심을 표현하는 글

2 이 책을 꼭 읽어야 하는 사람은 어떤 사람입니까? (   )

① 부탁을 자주 하는 사람
② 거절하는 것이 어렵지 않은 사람
③ 거절을 당해서 힘들어하는 사람
④ 무리한 부탁을 거절하지 못해서 힘든 사람

3 책의 내용과 다른 것은 무엇입니까? (   )

① 모두에게 착한 사람이 될 필요는 없다.
② 거절하는 것이 약속을 못 지키는 것보다 낫다.
③ 부탁하는 사람은 거절당하면 큰 상처를 받는다.
④ 거절할 때 불편한 것이 부탁을 들어줘서 힘든 것보다 낫다.

4 책의 내용대로 거절한 것이 아닌 것을 고르십시오. (   )

① "이번에는 정말 부탁을 들어 드리기 힘들 것 같아요."
② "1시 회의는 어렵습니다만 2시 회의는 가능합니다."
③ "제가 그 시간에는 다른 약속이 있어서 들어 드리기 어렵습니다."
④ "이번 주에는 다른 업무 때문에 바쁩니다. 다음 주까지 해도 될까요?"

III. 정리해 봅시다

여러분은 부탁을 거절할 때 어떻게 합니까? 부탁을 거절했던 경험을 이야기해 봅시다.

18과

모임

1. 친목 모임

MP3 / 38

• 학습 목표: 친한 사람들과의 모임에 대한 내용을 이해할 수 있다.

Ⅰ. 준비해 봅시다

1 여러분은 언제 무슨 모임을 합니까? 이야기해 봅시다.

2 다음을 듣고 맞는 것을 연결하십시오.

① 노라 •	• ㉠ 선약을 취소했다.
② 리타오 •	• ㉡ 다음 주에 고향에 돌아간다.
③ 제임스 •	• ㉢ 약속을 깜빡 잊어버리고 있었다.

내 블로그 | 이웃 블로그 | 블로그홈 로그인

프롤로그 | 블로그

지난 주말에 고등학교 친구 모임에 다녀왔다. 고등학교 때부터 친하게 지냈던 우리 네 명은 매일 같이 놀고 공부도 항상 같이 했다. 영원히 우정을 지킬 것 같았던 우리는 고등학교 졸업 후 각자 해야 할 공부도 있고 일도 많아져서 자주 만나지 못하게 되었다. 그리고 대학을 졸업하고 다들 일을 시작하니까 더 만나거나 연락하기가 어려워졌다.

26살이 된 어느 날, 어떤 친구 결혼식이 있어서 우연히 네 명이 한자리에 모이게 되었고, 시간 가는 줄도 모르고 즐겁게 이야기를 나누었다. 우리는 그동안 서로 연락도 자주 못하고 만나지도 못한 것이 아쉬웠다. 그래서 앞으로 좀 더 자주 만나자고 했다.

친구 한 명이 좋은 아이디어를 냈다. 회비를 모아서 계절에 한 번 정도 만나서 맛있는 것도 먹고 여행도 가고 삶의 즐거움을 찾아보자는 것이었다. 모두들 찬성했고 이후 우리는 세 달에 한 번은 모이게 되었다.

첫해에는 돌아가면서 각자의 집 근처 맛집을 알아 놓고 거기에서 만났다. 그렇게 모임을 하다가 우리는 모임을 위해 멋진 이름을 짓기로 했다. 다양한 아이디어가 나왔는데 그중에서 '샘모임'이라는 이름이 가장 좋았다. 우리 모두 초등학교나 대학교에서 학생들을 가르치는 선생님들인데 선생님을 줄여서 '샘'이라고 부르기도 하고, 끝없이 물이 나오는 '샘'처럼 우리도 계속 우정을 지키자는 의미도 있기 때문에 모두들 그 이름으로 하자고 했다.

모임을 시작한 지도 벌써 10년이 되었다. 공연을 함께 보러 가거나 짧은 여행을 가기도 하고, 그간에 울고 웃었던 일들에 대해 이야기하기도 하고, 걱정거리가 있으면 서로 들어주고 해결 방법을 찾아주기도 하면서 우리 모임은 어떤 모임보다도 소중한 모임이 되었다.

예전에는 남자 친구 이야기를 하거나 결혼 이야기를 많이 했었는데 요즘은 직장에서 있었던 일, 건강 이야기, 가족 이야기를 하는 일이 많다. 10년, 20년 뒤에는 어떤 이야기를 하고 있을지 참 궁금하다. 60살이 넘어서 노인이 되어도 다들 행복하고 건강한 모습으로 자주 볼 수 있었으면 좋겠다.

찬성하다　맛집　끝없이　소중하다

1 '샘모임'이라는 이름의 의미로 맞는 것을 고르십시오. (　　,　　)

① 회원이 네 명이다.
② 계속 우정을 지킨다.
③ 세 달에 한 번 모인다.
④ 직업이 모두 선생님이다.

2 이 사람들은 지금 몇 살일까요? (　　)

① 10대　　② 20대
③ 30대　　④ 60대

3 이 사람들이 만나서 <u>하지 않는</u> 일은 무엇입니까? (　　)

① 여행을 한다.　　② 노인을 돌보러 간다.
③ 같이 공연을 보러 간다.　　④ 걱정거리를 이야기한다.

4 이 사람들이 한 일을 순서대로 쓰십시오.

(　　　　) - (　　　　) - (　　　　) - (　　　　)

① 친구 결혼식에 갔다.
② 모임 이름을 지었다.
③ 모임을 하자고 제안했다.
④ 집 근처의 맛집을 친구들에게 소개했다.

Ⅲ. 정리해 봅시다

여러분은 친구들과 만나면 어디에서 무엇을 하면서 놉니까? 이야기해 봅시다.

모임

2. 스터디 모임

MP3 / 39

• 학습 목표: 다양한 스터디 모임 활동에 대한 내용을 이해할 수 있다.

Ⅰ. 준비해 봅시다

1 한국어 공부를 잘하기 위해서 어떤 스터디 모임을 하면 좋겠습니까? 이야기해 봅시다.

2 스터디 모임에 대한 안내문입니다. 맞는 것을 고르십시오. (　　,　　)

경제 이야기 모임

여러분은 앞으로 무엇을 할지 결정하셨습니까?
우리 모임은 경제 공부를 하고 싶어 하는 사람들이
일주일에 한 번 모여 경제에 대해서 공부하는 모임입니다.

·하는 일
- 경제 신문과 경제에 대한 책을 읽고 이야기하기
- 면접시험을 준비하기 위해 경제 지식 쌓기

·비용 - 1인 1만원

·모임 장소에 간단한 간식과 음료가 준비되어 있습니다.

·모임 분위기를 나쁘게 만들거나 모임에 잘 나오지 않으면 모임에서 나가게 될 수도 있습니다.

·장소 - 신촌역 2번 출구 서울은행 건물 5층 스터디카페

① 경제에 대해서 공부한다.
② 회비는 따로 내지 않는다.
③ 신문을 읽고 서로 이야기할 수 있다.
④ 모임 장소에 음식을 가지고 올 수 없다.

1 이 모임을 하면 어떤 점이 좋습니까? 맞는 것을 모두 고르십시오. (,   )

① 기분 전환을 할 수 있다.
② 혼자 편하게 밥을 먹을 수 있다.
③ 학생 식당에서 밥을 싸게 먹을 수 있다.
④ 시험에 필요한 정보를 서로 나눌 수 있다.

2 이 사람들은 무엇에 대해 이야기하고 있습니까? 고르십시오. (   )

① 모임 규칙　　② 모임 목적
③ 모임 장소　　④ 모임 회비

3 다음을 듣고 질문에 답하십시오.

1) 들은 내용과 <u>다른</u> 것을 고르십시오. (   )

① 스터디 모임 중에는 벌금을 내는 모임도 있다.
② 돈을 아끼기 위해 스터디 모임을 하는 사람도 있다.
③ 요즘은 예전보다 스터디 모임의 목적이 다양해졌다.
④ 학생들 중에서 일부만이 스터디 모임에 참여하고 있다.

2) 기자는 무엇에 대해 말했습니까? (   )

① 스터디 모임의 장점과 단점
② 스터디 모임의 성격과 목표
③ 스터디 모임의 규칙과 가입 방법
④ 스터디 모임의 종류와 가입 이유

전환　찬성　가입비　특이하다　일반적이다　아이디　교재　관리

3) 학생들이 이런 스터디 모임을 하는 이유를 고르십시오. (　,　)

❶ 규칙적인 생활로 건강이 좋아진다.
❷ 내가 하고 싶은 공부를 할 수 있다.
❸ 시간을 계획적으로 잘 사용할 수 있다.
❹ 다른 사람을 많이 만나서 스트레스를 풀 수 있다.

Ⅲ. 정리해 봅시다

여러분 나라에는 어떤 스터디 모임이 있습니까? 이야기해 봅시다.

복습

모임 공간 스터디룸 늘어

서울 시내 곳곳에 '스터디룸'이라는 유료 모임 공간이 늘고 있다. 스터디룸은 시험 준비 등을 위해 시간별로 이용료를 내고 공간을 빌려주는 곳이다. 최근 5년간 신촌에도 10개 이상의 스터디룸이 생겼다. 이런저런 스터디 모임 때문에 하루에 3번 이상 스터디룸을 다니는 취업 준비생도 있고, 퇴근 후에 여러 시험 준비를 위해 스터디룸에서 모임을 하는 직장인도 있다.

스터디룸에서는 간식을 먹을 수 있다. 인터넷 사용이 자유롭고 개인 공부, 모임 공부가 모두 가능하다. 이렇게 도서관과 카페의 장점을 섞은 스터디룸의 인기가 높아지고 있다.

종류와 가격대도 다양해지고 있다. 연애 고민 상담, 과외 등을 할 수 있는 곳도 있다. 이용하는 사람도 다양해져서 학생은 물론 주부나 중장년층의 취미 생활 공간, 아이들 모임 공간으로도 이용한다.

그러나 스터디룸의 인기를 좋지 않게 여기는 의견도 있다. 취업 준비생 조 모 씨(27·여)는 "서로 정보를 나누어야 해서, 다른 사람과 같이 공부하는 게 더 좋지만 다 같이 무료로 공부할 공간이 없어서 돈을 내고 스터디룸을 이용하는 것"이라고 말했다. 대학교 3학년생 우 모씨(23)도 유료 스터디룸 이용이 '어쩔 수 없는 선택'이라고 했다. 우 씨는 "학교 도서관 세미나룸이 예약이 다 차서 유료 스터디룸을 이용할 수 밖에 없었다"며 "자주 이용하면 돈이 많이 들기 때문에 무료로 이용할 수 있는 공간이 있다면 더 좋을 것 같다"고 했다. 우미주 교수는 "한국 사회에 자연스럽게 모여서 이야기할 공간이 없어지고 그 대신 돈을 내는 공간을 이용하게 됐는데, 이것은 공간을 돈으로 대신하는 일"이라고 했다.

스터디룸은 사회의 필요성 때문에 생겼다. '교육'과 '모임'을 위한 공간이 부족한 상황에서 여럿이 이용할 수 있는 공공의 공간이 생기지 않으면 스터디룸의 인기는 계속될 것이다. 그렇지만 돈을 내지 않아도 모든 사람이 이용할 수 있는 모임 공간이 더 많아져야 할 것으로 보인다.

이미경 기자

유료　이용료　취업　준비생　중장년층

1. 이 글은 무슨 글입니까? (　　)

① 광고　② 기사　③ 설명문　④ 회의록

2. 스터디룸에서 무엇을 할 수 있습니까? 두 가지 이상 쓰십시오.

3. 스터디룸을 부정적으로 생각하는 사람들은 왜 그렇습니까? (　　)

① 스터디룸에서는 여러 사람이 같이 공부해야 한다.
② 무료로 편하게 이용할 수 있는 공간이 부족한 현실이 답답하다.
③ 스터디룸이 생기면서 무료로 공부할 수 있는 공간이 부족해졌다.
④ 요즘 스터디룸에 아이들이나 주부들도 모이니까 공부하기가 어려워졌다.

문화

한국의 모임 문화

한국에는 모임이 많습니다. 처음 만난 사람들을 환영하는 환영회, 다른 나라로 유학을 가거나 회사를 그만두거나 하는 사람을 위한 송별회, 학교 다닐 때 같은 반이었던 친구들을 만나는 동창회, 같은 학교 선배와 동기, 후배를 만나는 동문회가 있습니다. 또 대학교에서 같은 취미를 가진 사람들이 모이는 동아리도 있고 회사를 다니면서 같은 취미가 있는 사람들끼리 모이는 동호회도 있습니다. 또 같은 목표를 위해서 공부하는 스터디 모임도 있습니다.

여러분도 한국에서 관심이 있는 모임에 가 보는 것은 어떻습니까? 즐거운 시간도 보내고 친구도 사귈 수 있을 거예요.

1. 한국에는 어떤 모임이 있습니까?
2. 여러분은 어떤 모임에 갑니까? 이야기해 봅시다.

19과 놀이 문화

1. 한국의 민속놀이

MP3 / 40

• 학습 목표: 한국의 민속놀이에 대한 내용을 이해할 수 있다.

Ⅰ. 준비해 봅시다

1 여러분 나라에도 다음과 같은 놀이가 있습니까? 이야기해 봅시다.

2 대화를 듣고 맞는 것을 연결하십시오.

윷. (X 표시된 윷) : 앞 (빈 윷) : 뒤

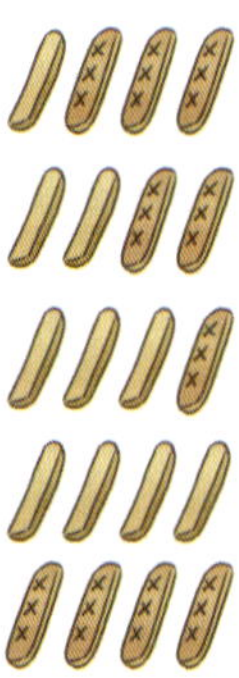

보기 도

① ______

② ______

③ ______

④ ______

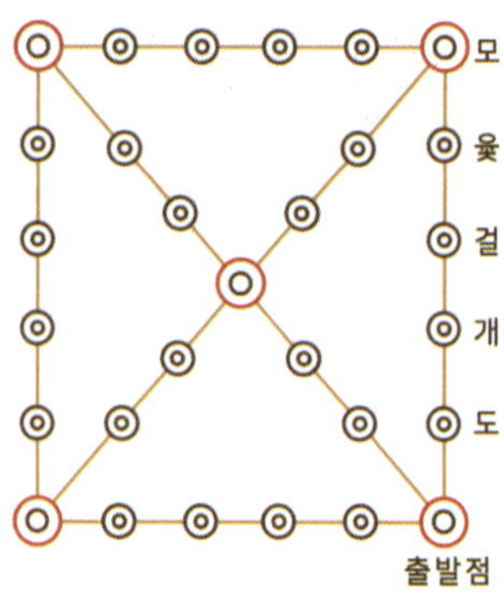

말판

판

Ⅱ. 읽어 봅시다

지식백과 민속놀이 ▼ 통합검색

민속놀이는 옛날부터 현대까지 전해져 오고 있는 여러 가지 놀이를 말한다. 이러한 민속놀이에는 각 지방의 문화가 담겨 있기 때문에 놀이를 하면서 옛날 사람들의 생활을 상상해 볼 수도 있다.

이러한 놀이 중에는 언제 어디서든지 쉽게 할 수 있는 놀이들이 많았다. 남자 아이들은 제기차기나 딱지치기같이 주로 차거나 치는 놀이를 했고, 여자 아이들은 소꿉놀이나 공기놀이처럼 방 안에 앉아서 하는 놀이를 즐겼다. 이 놀이들은 특별한 장난감이나 좋은 재료가 없어도 할 수 있었는데, 마당에 나가서 돌이나 나뭇가지를 주워 오거나, 부엌에서 그릇 같은 것만 가져와도 아이들은 하루 종일 웃으면서 즐거운 시간을 보낼 수 있었다.

민속놀이는 집 안에서도 밖에서도 할 수 있었다. 날씨가 좋은 날에는 밖에서 연을 날리거나 구슬치기 같은 놀이를 즐겼고, 비가 오는 날이나 늦은 오후 시간에는 방 안에서 그림자놀이나 실뜨기 같은 놀이를 했다. 불빛 앞에서 손으로 여러 가지 동물 모양을 만들면서 노는 그림자놀이와 실을 두 손에 걸고 서로 주고받으면서 여러 모양을 만드는 실뜨기는 요즘 사람들도 많이 즐기는 놀이이다.

이 밖에 옛날 사람들이 즐기던 놀이 중에는 지금은 즐기지 않는 것들도 많은데 그것은 오늘날의 생활 모습이 옛날과 많이 달라져서 즐기기 어려운 놀이도 있기 때문이다. 그래서 나라에서는 깊은 의미가 있거나 멋진 놀이들을 특별히 정해서 계속 이어 나갈 수 있게 하고 있다. 탈춤놀이나 강강술래 같은 놀이는 어른들이 아이에게 가르치고 또 그 아이가 어른이 되어 자신의 아이에게 가르치는 방법으로 이어지고 있다.

즐기다 제기차기 딱지치기 구슬치기 나뭇가지 소꿉놀이 공기놀이
그림자놀이 실뜨기 탈춤 강강술래

1 이 글의 중심 내용을 고르십시오. (　　)

① 전통 놀이의 의미　　② 전통 놀이의 종류
③ 전통 놀이의 역사　　④ 전통 놀이의 장점

2 다음 중 집 밖에서 하는 놀이와 안에서 하는 놀이를 찾아 번호를 쓰십시오.

㉠ 연 날리기　㉡ 강강술래　㉢ 실뜨기　㉣ 그림자놀이

① 밖에서 하는 놀이	② 안에서 하는 놀이

3 내용에 맞게 연결하십시오.

1) 첫 번째 단락 •　　• ① 민속놀이 지키기
2) 두 번째 단락 •　　• ② 민속놀이의 장점
3) 세 번째 단락 •　　• ③ 민속놀이의 뜻과 특징
4) 네 번째 단락 •　　• ④ 다양한 때와 장소에서 즐기는 민속놀이

Ⅲ. 정리해 봅시다

한국의 민속놀이를 해 본 적이 있습니까? 이야기해 봅시다.

19과

놀이 문화

2. 현대의 놀이 문화

MP3 / 41

• 학습 목표: 한국의 현대 놀이 문화에 대한 내용을 듣고 이해할 수 있다.

Ⅰ. 준비해 봅시다

1 여러분은 어디에서 놀고 싶습니까? 왜 거기에서 놀고 싶은지 이야기해 봅시다.

2 이 글의 중심 내용을 고르십시오. (　　)

Q&A

Q 최근 청소년 놀이 문화는 어떻게 달라졌습니까?

A 인터넷과 휴대 전화의 발전은 놀이 문화를 크게 바꾸었습니다. 청소년들은 휴대 전화를 이용해 주로 음악을 듣거나 게임이나 SNS 대화, 인터넷 콘텐츠를 즐기는 것으로 나타났습니다. 또한 요즘 청소년들은 웹툰이나 동영상을 볼 때도 휴대 전화로 친구들과 '함께' 보는 특징이 있습니다. 이렇게 인터넷으로 내용을 감상할 때 서로 그때그때 의견을 주고받는 것이 새로운 놀이 문화가 되었습니다. 지금까지는 주로 만화책이나 소설책 읽기, 영화 감상 같은 것은 혼자서 즐기는 놀이라고 생각해 왔지만 이제는 놀이를 즐기는 방식이 크게 달라진 것입니다.

① 청소년 놀이 문화의 변화
② 청소년이 즐기는 놀이 문화의 문제점
③ 청소년에게 SNS 대화가 인기를 얻는 이유
④ 청소년이 혼자서 놀이를 즐기지 않는 이유

웹툰　동영상　주고받다

II. 들어 봅시다

1 여자는 인터넷에서 무엇을 찾아 보겠습니까? (　　)

① 식당　　② 카페　　③ 관광지　　④ 동물원

2 젊은 사람들은 언제 이 방송을 봅니까? 고르십시오. (　　)

① 운동할 때　　② 공부할 때　　③ 식사할 때　　④ 간식을 고를 때

3 다음을 듣고 질문에 답하십시오.

1) 이 대화의 앞에서 어떤 이야기를 했을까요? 고르십시오. (　　)

① 놀이 문화의 의미　　② 놀이 문화의 변화
③ 놀이 문화의 종류　　④ 놀이 문화의 문제점

2) 학생이 '동전 노래방'에 자주 가는 이유는 무엇입니까? (　　)

① 공간이 넓고 편해서
② 노래 실력이 좋아질 수 있어서
③ 원하는 시간만큼 노래를 부를 수 있어서
④ 노래 실력을 남들에게 보여줄 수 있어서

3) 들은 내용에 맞게 연결하십시오.

① 일반 노래방 •		• ㉠ 짧은 시간동안에도 노래를 즐길 수 있다.
		• ㉡ 많은 사람들과 함께 즐길 수 있다.
② 동전 노래방 •		• ㉢ 부르고 싶은 노래를 마음 편하게 부를 수 있다.

4) '동전 노래방'이 생긴 지역의 순서입니다. 빈칸에 알맞은 것을 쓰십시오.

① ______ → ② ______ → 전국

먹방　참치　뛰어놀다

III. 정리해 봅시다

여러분 나라에는 어떤 놀이 문화가 있습니까? 이야기해 봅시다.

가족

윷놀이

아이들

수건 돌리기

청소년

컴퓨터 게임

직장인

당구

20과 생활 정보

1. 대학 생활 앱

MP3 / 42

• 학습 목표: 대학 생활 정보 제공 앱을 소개하는 내용을 이해할 수 있다.

Ⅰ. 준비해 봅시다

1 학교 생활에 필요한 앱에는 어떤 것이 있을까요? 이야기해 봅시다.

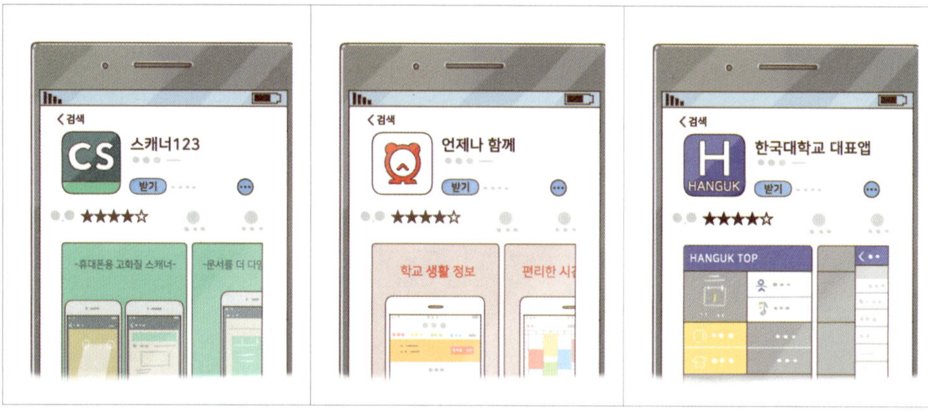

2 다음을 듣고 여자가 대화가 끝난 후에 바로 할 일을 고르십시오. (   )

① ② ③

다운로드를 받다

[대학생활 팁] 새내기를 위한 한국대학교 필수 앱 총정리 | 학교 가이드 / 학교 Inside

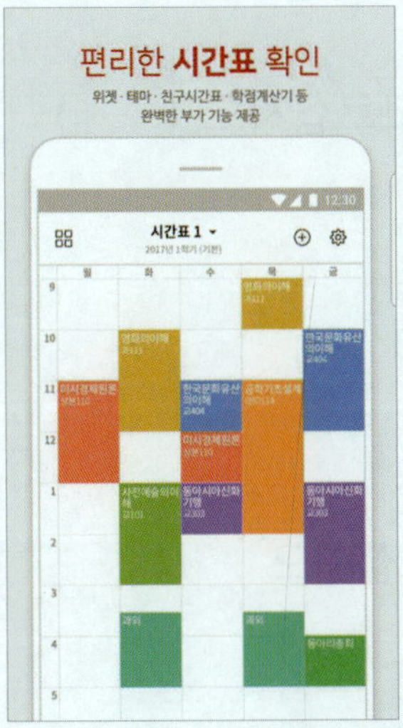

새내기 여러분, 벌써 4월인데 대학 생활에는 많이 익숙해졌나요? 오늘은 새내기 여러분이 알아 두면 좋은 앱을 소개하려고 합니다.

먼저 '언제나 함께'라는 앱을 소개합니다. 이 앱을 사용하면 쉽게 나만의 시간표를 만들 수 있습니다. 또 선배들이 추천하는 강의와 추천하지 않는 강의도 알 수 있습니다.

다음으로 '스캐너123' 앱을 소개합니다. 문서를 사진 찍으면 스캔한 것처럼 만들어 주는 앱입니다. 사진을 잘 찍지 못해도 깨끗하게 나오기 때문에 스캔해야 하는 자료가 많은 수업에 필요한 앱입니다.

'캠퍼스 알기'라는 앱도 있습니다. 이 앱은 동아리나 학교 안의 다양한 활동에 대한 정보를 한눈에 볼 수 있는 앱입니다. 그리고 배가 고픈 친구들에게는 '오늘의 학식'이라는 앱을 추천합니다. 이제 여기저기 물어보지 말고 이 앱을 이용해서 오늘의 학생 식당 메뉴를 간편하게 알아보세요.

'돈 관리의 모든 것'이라는 앱은 내가 한 달에 돈을 얼마나 쓰는지 알고 싶은 친구들에게 추천합니다. 대학생이 되어서 쓰는 돈은 많은데 어디에다 썼는지 모르는 친구들이 많지요? 이 앱으로 매일 확인하세요.

그리고 '오피스365'라는 앱을 사용하면 휴대 전화로 다양한 종류의 문서를 확인할 수 있어서 편리합니다. 노트북을 가지고 다니면 무겁기도 하고 지하철이나 버스에서 사용하기 불편해서 발표 자료를 만들거나 고칠 때 곤란했지요? 이 앱을 이용하면 휴대 전화로 모든 종류의 컴퓨터 파일을 다 열어서 문서를 확인하고 고칠 수 있습니다.

영어나 중국어 같은 외국어 수업을 들을 때 무슨 말인지 잘 모르겠다고요? '바꾸고' 앱을 이용해 보세요. 다양한 나라의 언어를 한국어로 번역해 주거나 또 한국어를 다른 나라의 언어로 바꿔 줍니다.

새내기 여러분, 이 중에서 마음에 드는 앱이 있나요? 이렇게 편리한 여러 앱 기능을 잘 활용해서 즐거운 학교 생활을 하시기 바랍니다.

스캔 한눈 문서 파일 기능

1 이 글은 어떤 글입니까? (　　)

① 문의하는 글　② 부탁하는 글　③ 소개하는 글　④ 인터뷰하는 글

2 이 글의 제목으로 가장 알맞은 것을 고르십시오. (　　)

① 새내기의 첫 학기
② 새내기의 학교 소개
③ 새내기가 알면 좋은 앱
④ 새내기가 꼭 해야 할 일

3 이 앱으로 무엇을 할 수 있습니까? 쓰십시오.

앱 이름	할 수 있는 것
언제나 함께	①
스캐너123	②
캠퍼스 알기	③
오늘의 학식	④

4 읽은 내용과 같은 것을 고르십시오. (　　)

① '바꾸고'는 다른 나라 말로 통역을 해준다.
② '스캐너123'은 사진을 잘 찍게 도와주는 앱이다.
③ '돈 관리의 모든 것'은 물건을 싸게 사는 정보를 알려준다.
④ '오피스365'는 컴퓨터가 없어도 쉽게 문서를 확인할 수 있다.

Ⅲ. 정리해 봅시다

대학교 새내기에게 필요한 앱은 무엇일까요? 이야기해 봅시다.

20과 생활 정보

2. 유학 생활 정보

MP3 / 43

• 학습 목표: 유학 생활에 도움이 되는 정보에 대한 내용을 이해할 수 있다.

Ⅰ. 준비해 봅시다

1 여러분은 유학 생활을 할 때 필요한 정보를 어디에서 얻습니까? 이야기 해 봅시다.

2 다음은 유학 정보 제공 인터넷 사이트 화면입니다. 이 사이트에서 알 수 있는 정보를 고르십시오. (　　,　　)

- 한국은 다른 나라보다 학비나 생활비 등 유학 비용이 적게 들고 외국인 유학생을 위한 장학금이 많습니다.
- 한국에서는 매년 약 2,000명의 유학생에게 장학금을 주고 있습니다. 또 대학이나 회사에서 다양한 장학금을 주고 있습니다.

- 한국 유학을 준비하는 학생들을 위한 온라인 한국어 수업도 있습니다.

① 관광 정보　② 취업 정보　③ 한국어 수업 정보　④ 유학생 장학금 정보

Ⅱ. 들어 봅시다

1 민속촌에서 볼 수 있는 것이 아닌 것은 무엇입니까? 고르십시오. (　　)

① 한국의 옛날 마을의 모습
② 옛날 사람들의 생활 모습
③ 왕과 왕의 가족들의 생활 모습
④ 명절에 하는 특별한 문화 행사

2 다음을 듣고 들은 내용과 맞지 않는 것을 고르십시오. (　　)

① 남자는 한국 생활을 지루해하고 있다.
② 경복궁 야간 관람을 하고 싶어 하는 사람들이 많다.
③ 여자는 남자에게 경복궁 야간 행사를 추천하고 있다.
④ 외국인은 인터넷으로만 경복궁 야간 입장권을 살 수 있다.

3 다음을 듣고 질문에 답하십시오.

1) 남자가 이야기하지 않은 것은 무엇입니까? (　　)

① 편리한 교통 카드
② 물건 값이 싼 가게
③ 콜택시를 부르는 방법
④ 외국인 등록증 연장 방법

2) 콜택시를 이용하려고 할 때 미리 확인할 수 없는 것은 무엇입니까? (　　)

① 택시 번호
② 외국어 서비스
③ 목적지까지 요금
④ 목적지까지 걸리는 시간

과제　야경　야간　입장권　메모지　품질　생활비　아끼다　외국인 등록증　목적지

3) 이야기를 듣고 유학생들이 생각할 내용으로 알맞지 않은 것을 고르십시오. (　　)

① '나는 교통 카드를 사서 공연 입장료를 할인 받아야겠다.'

② '나는 한국에서 4년 동안 유학을 할 거니까 외국인 등록증을 만들어야겠다.'

③ '나는 필요한 물건이 많은데 물건을 싸게 사고 싶으니까 '오이소'에 가야겠다.'

④ '나는 한복을 가지고 있으니까 한복을 입고 가면 싸게 볼 수 있는 공연을 찾아야겠다.'

Ⅲ. 정리해 봅시다

여러분이 알고 있는 좋은 정보가 있습니까? 이야기해 봅시다.

복습

1 다음을 읽고 질문에 답하십시오.

내 블로그 | 이웃 블로그 | 블로그홈 로그인

프롤로그 | 블로그

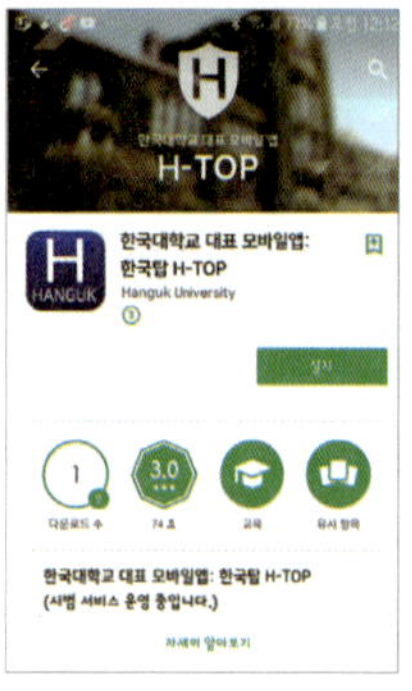

새내기 여러분, 지난번에는 대학 생활에 도움이 되는 다양한 앱을 소개해 드렸는데요, 잘 사용해 보고 있나요? 오늘은 반드시 알아두어야 할 우리 한국대학교 대표 모바일 앱인 '한국 탑'을 소개해 드리겠습니다.

'한국 탑'에서 가장 많이 사용하게 될 기능은 '전자 출결'입니다. 여러분이 듣는 강의의 출석 확인은 이 '전자 출결'을 통해서 할 수 있습니다. 물론 강의실에서 직접 할 수도 있지만 사람이 많은 수업이거나 수업 시간이 다 되어서 도착하게 될 때에는 이 기능을 이용해서 편리하게 출석 확인을 할 수 있습니다. 또 지금까지의 출석과 결석, 지각 시간도 확인할 수 있습니다.

우리 학교 캠퍼스는 크고 넓지요? 그래서 캠퍼스 안과 밖에서 셔틀버스가 다니는데요. '한국 셔틀' 기능을 이용하면 셔틀버스가 지금 어디에 있는지 확인할 수 있습니다. 그리고 서울 캠퍼스하고 인천 캠퍼스를 왔다 갔다 하는 셔틀버스도 예약할 수 있습니다. 새내기 여러분들은 모두 인천에서 수업을 들으니까 자주 사용하게 될 겁니다.

'내 자리' 기능은 여러분이 시험 기간에 가장 자주 이용하게 될 기능입니다. 이 기능을 이용하면 도서관에 가지 않고도 시험 기간에 자리 예약을 할 수 있습니다. 또 도서관에 있는 책을 검색하고 예약까지 할 수 있습니다.

이 외에도 '학사 포탈'에서는 여러분의 지금까지의 성적이나 들었던 수업을 확인할 수 있고, '주간 식단'에서는 교내 여러 식당의 일주일 메뉴를 볼 수 있습니다. 또 '교내 시설'에서는 학교 시설을 확인할 수 있고 '교내 전화 번호'에서는 학교 시설의 전화번호를 검색할 수 있습니다.

새내기 여러분, 이렇게 편리한 '한국 탑'을 잘 활용해서 즐거운 학교 생활을 하시기 바랍니다.

대표 강의 전자 출결 캠퍼스 셔틀버스 학사 포탈 주간 식단
교내 활용하다

1. **'한국 탑'은 무엇입니까? (　　)**

① 동아리 이름　② 학사 포탈 이름　③ 학교 모바일 앱　④ 인터넷 사이트 주소

2. **'한국 탑'을 이용하여 할 수 있는 것을 요약해 봅시다.**

전자 출결	출석, 결석, 지각 확인
한국 셔틀	버스 위치 확인, 버스 예약
내 자리	
학사 포탈	
주간 식단	

문화

정월 대보름

정월 대보름은 음력 1월 15일로 일 년 중 처음 맞는 보름날입니다. 예부터 이날은 일 년 중 첫 보름이라 하여 중요하게 생각하고 그해 농사와 그해의 좋고 나쁨을 알 수 있다고 믿었습니다. 사람들은 아침이 되면 아침 일찍 일어나서 동네 사람들을 만나자마자 '내 더위 사가라'고 말하면서 더위를 팔았는데요, 이렇게 하면 그해 일 년 동안 더위로 고생하지 않는다고 믿었습니다. 이날은 오곡밥과 약식을 먹고 달맞이 같은 여러 가지 민속놀이를 했습니다. 또 정월 대보름에 보름달이 동쪽에서 크게 뜰 때면 사람들은 산에 올라가서 소원을 빌면서 달맞이를 했습니다. 이런 전통 중 일부는 현대에까지 이어지고 있기도 합니다. 여러분도 이번 정월대보름 아침에 친구를 만나면 친구보다 먼저 '내 더위 사가라'라고 해 보세요.

1. **정월 대보름에 무엇을 합니까?**

2. **여러분 나라에도 달을 보면서 소원을 비는 명절이 있습니까? 여러분 나라의 명절에 대해 이야기해 봅시다.**

부록

모범 답안
색인

모범 답안

11-1 서울 글로벌센터 이용

Ⅰ. 준비해 봅시다.

②

Ⅱ. 들어 봅시다.

1. ②
2. ①, ②, ③, ⑦, ⑧
3. 1) ②
   2) ③
   3) ① 한국어 교실　② 서울 생활 오리엔테이션
      ③ 외국인의 날　④ 글로벌 콘서트

Ⅲ. 정리해 봅시다.

생략

11-2 한국 문화 체험

Ⅰ. 준비해 봅시다.

①

Ⅱ. 읽어 봅시다.

1. ④
2. ①
3. ①, ②, ④, ⑥
4. ②

Ⅲ. 정리해 봅시다.

생략

12-1 관광 안내소 이용

Ⅰ. 준비해 봅시다.

②

Ⅱ. 들어 봅시다.

1. ②
2. ① 부산　② 1박 2일
   ③ 남포, 2
3. 1) ②
   2) ②
   3) ② → ④ → ①

Ⅲ. 정리해 봅시다.

생략

12-2 여행 감상 이야기

Ⅰ. 준비해 봅시다.

① 2박 3일
② 게스트 하우스
③ 가격이 싸다
④ 교통이 편리하다
⑤ 외국인 관광객들하고 이야기를 나눌 수 있다.

Ⅱ. 읽어 봅시다.

1. ③
2. ③
3. ① 흑돼지 식당　② 해수욕장
   ③ 흑돼지　④ 해물탕
4. 사람들에게 잘 알려지지 않아서

Ⅲ. 정리해 봅시다.

생략

◆ 복습

1. ①
2. ①
3. ④

13-1 인터넷 쇼핑

Ⅰ. 준비해 봅시다.

①, ③

Ⅱ. 읽어 봅시다.

1. ④
2. 1) X　2) O　3) O
3. ①
4. ④

Ⅲ. 정리해 봅시다.

생략

13-2 교환과 환불

Ⅰ. 준비해 봅시다.

1) ㉠　2) ㉡

Ⅱ. 들어 봅시다.

1. ②
2. ③
3. 1) ① 의자　② 3만원
   2) ①
   3) ① 물건　② 카드 결제

Ⅲ. 정리해 봅시다.

생략

14-1 국제 교류 행사

Ⅰ. 준비해 봅시다.

①, ③

Ⅱ. 읽어 봅시다.

1. ②
2. 1) ③ 2) ② 3) ①
3. ④
4. ① 5월 19일 ② 5월 7일 5시
   ③ 만 5세부터 18세까지 ④ 상품
   ⑤ 기념 티셔츠와 모자

Ⅲ. 정리해 봅시다.

생략

14-2 방문 예절

Ⅰ. 준비해 봅시다.

① 세제, 휴지 ② 향기가 좋은 초, 향수

Ⅱ. 들어 봅시다.

1. ②, ③
2. ④
3. 1) ㉠ 2) ㉢ 3) ㉡
   2) ① - ㉡, ② - ㉣, ③ - ㉢, ④ - ㉠
   3) 1) ①, ② 2) ③, ④

Ⅲ. 정리해 봅시다.

생략

◆ 복습

1. ④
2. ① 2박 3일 ② 219,000원
   ③ 항공권 ④ 입장료
3. ①, ②, ④
4. ②

15-1 하고 싶은 일

Ⅰ. 준비해 봅시다.

①, ③

Ⅱ. 읽어 봅시다.

1. ④
2. ②, ④
3. ④

Ⅲ. 정리해 봅시다.

생략

15-2 아르바이트 면접

Ⅰ. 준비해 봅시다.

① - ㉢, ② - ㉠, ③ - ㉡

Ⅱ. 들어 봅시다.

1. 1) ㉠ 2) ㉡
2. ①
3. 1) ③
   2)

아르바이트 장소	pc방 ( ) 옷가게 ( ) 식당 (**v**) 커피숍 ( )
근무 시간	주중 5시~10시 ( ) 주말 5시~10시 ( ) 주중 5시~11시 (**v**) 주말 5시~11시 ( )
시급	8,000원 ( ) 9,000원 ( ) 10,000원 (**v**) 20,000원 ( )

   3) ④

Ⅲ. 정리해 봅시다.

생략

16-1 친구와의 문제

Ⅰ. 준비해 봅시다.

③

Ⅱ. 들어 봅시다.

1. ④
2. ④
3. 1) ②
   2) ③
   3) ②

Ⅲ. 정리해 봅시다.

생략

16-2 조언하기

Ⅰ. 준비해 봅시다.

②, ④

Ⅱ. 읽어 봅시다

1. ④
2. 1) ④
   2) ②
3. ①
4. ③

Ⅲ. 정리해 봅시다.

생략

◆ 복습

1. ③
2. ③
3. ③
4. 생략

17-1 부탁하기

Ⅰ. 준비해 봅시다.

1) ①, ④ 2) ①

Ⅱ. 들어 봅시다.

1. ①
2. ①ⓐ, ②ⓛ, ③ⓔ
3. 1) ③
   2) ① 컴퓨터공학 - ⓒ, ② 미술 - ⓛ, ③ 사진 - ⓖ
   3) ③

Ⅲ. 정리해 봅시다.

생략

17-2 부탁 거절하기

Ⅰ. 준비해 봅시다.

③

Ⅱ. 읽어 봅시다.

1. ②
2. ④
3. ③
4. ①

Ⅲ. 정리해 봅시다.

생략

18-1 생활 속의 모임

Ⅰ. 준비해 봅시다.

①㉠, ②㉢, ③㉡

Ⅱ. 읽어 봅시다.

1. ②, ④
2. ③
3. ②
4. ①-③-④-②

Ⅲ. 정리해 봅시다.

생략

18-2 스터디 모임

Ⅰ. 준비해 봅시다.

①, ③

Ⅱ. 들어 봅시다.

1. ①, ④
2. ①
3. 1) ④
   2) ④
   3) ②, ③

Ⅲ. 정리해 봅시다.

생략

◆ 복습

1. ②
2. 시험 준비를 할 수 있다, 간식을 먹을 수 있다,
   인터넷을 사용할 수 있다, 모임 장소로 사용할 수 있다 등
3. ②

19-1 한국의 민속놀이

Ⅰ. 준비해 봅시다.

① 개 ② 걸 ③ 윷 ④ 모

Ⅱ. 읽어 봅시다

1. ②
2. ① - ㉠, ㉡ ② - ㉢, ㉣
3. 1) ③ 2) ② 3) ④ 4) ①

Ⅲ. 정리해 봅시다.

생략

19-2 현대의 놀이 문화

Ⅰ. 준비해 봅시다.

①

Ⅱ. 들어 봅시다.

1. ②
2. ④
3. 1) ③
   2) ③
   3) ① - ㉡ ② - ㉠, ㉢
   4) ① 부산 ② 대구

Ⅲ. 정리해 봅시다.

생략

20-1 대학 생활 앱

Ⅰ. 준비해 봅시다.

①

Ⅱ. 읽어 봅시다.

1. ③
2. ③
3.

앱 이름	할 수 있는 것
언제나 함께	① 나만의 시간표 만들기, 선배들이 추천하는 강의와 추천하지 않는 강의를 알기
스캐너123	② 문서를 스캔한 것처럼 만들어 줌
캠퍼스 알기	③ 동아리나 학교 안의 다양한 활동을 위한 정보를 한눈에 보기
오늘의 학식	④ 오늘의 학교 식당 메뉴를 알기

4. ④

Ⅲ. 정리해 봅시다.

생략

20-2 유학 생활 정보

Ⅰ. 준비해 봅시다.

③, ④

Ⅱ. 들어 봅시다.

1. ③
2. ④
3. 1) ④
   2) ②
   3) ①

Ⅲ. 정리해 봅시다.

생략

◆ 복습

1. ③
2.

전자 출결	출석, 결석, 지각 확인
한국 셔틀	버스 위치 확인, 버스 예약
내 자리	도서관 책 검색과 예약, 도서관 자리 예약
학사 포탈	성적과 수업 확인
주간 식단	교내 식당 메뉴 확인

색인

어휘 색인

ㄱ

가능하다	3과 2항	들어 봅시다
가입비	18과 2항	들어 봅시다
가입하다	2과 2항	준비해 봅시다
각	11-12과 복습	
각자	2과 2항	읽어 봅시다
간편하다	8과 1항	읽어 봅시다
감귤	13-14과 복습	
감동	7과 2항	읽어 봅시다
감상문	3과 1항	읽어 봅시다
감옥	7-8과 복습	
강강술래	19과 1항	읽어 봅시다
강의	19-20과 복습	
강조	15-16과 복습	
강좌	11-12과 복습	
갖추다	2과 1항	준비해 봅시다
개인 생활	1과 2항	읽어 봅시다
거북목	6과 2항	들어 봅시다
거절을 당하다	17과 2항	읽어 봅시다
거절하다	17과 2항	읽어 봅시다
게시판	1과 1항	들어 봅시다
경기	7과 1항	들어 봅시다
경력자	15과 2항	들어 봅시다
경비	15과 2항	들어 봅시다
고민	16과 2항	읽어 봅시다
곤란하다	17과 1항	들어 봅시다
골절	6과 2항	들어 봅시다
공기놀이	19과 1항	읽어 봅시다
공부방	2과 2항	읽어 봅시다
공사	3과 1항	읽어 봅시다
공예품	14과 1항	읽어 봅시다
과목	1과 1항	들어 봅시다
과식	8과 1항	읽어 봅시다
과정	15과 1항	읽어 봅시다
과제	20과 2항	들어 봅시다
관람하다	7과 1항	들어 봅시다
관리	18과 2항	들어 봅시다
괴롭히다	16과 1항	들어 봅시다
교내	19-20과 복습	
교류	14과 1항	읽어 봅시다
교육	11과 1항	들어 봅시다
교재	18과 2항	들어 봅시다
교환권	13과 2항	들어 봅시다
구석	4과 1항	들어 봅시다
구슬치기	19과 1항	읽어 봅시다
구하다	15과 2항	들어 봅시다
국화	14과 2항	들어 봅시다
굵다	5과 2항	읽어 봅시다
궁금하다	2과 1항	들어 봅시다
권하다	5과 1항	들어 봅시다
귀중품	9-10과 복습	
규칙	2과 1항	들어 봅시다
규칙적이다	8과 1항	읽어 봅시다
그림자놀이	19과 1항	읽어 봅시다
그만두다	15과 1항	읽어 봅시다
글쓰기	1과 1항	들어 봅시다
금지되다	2과 1항	들어 봅시다
기계	9과 2항	들어 봅시다
기념	14과 1항	읽어 봅시다
기능	20과 1항	읽어 봅시다
기록하다	9-10과 복습	
기억력	8과 1항	읽어 봅시다
기행문	3과 1항	읽어 봅시다
기회	13과 2항	들어 봅시다
긴장이 되다	14과 2항	들어 봅시다
김장간	11-12과 복습	
깊이	1-2과 복습	
깜빡거리다	9과 2항	들어 봅시다
깜짝	5과 1항	들어 봅시다
꺼지다	1과 2항	읽어 봅시다
껍질	4과 2항	읽어 봅시다
귀중품	9-10과 복습	
꿩고기	5과 2항	읽어 봅시다
끌다	9과 2항	들어 봅시다
끝없이	18과 1항	읽어 봅시다
끼우다	13과 1항	읽어 봅시다

ㄴ

나란히	14과 2항	들어 봅시다
나뭇가지	19과 1항	읽어 봅시다
난방	3과 2항	들어 봅시다
난장이	7과 2항	읽어 봅시다
남향	3과 2항	들어 봅시다
냉방	3과 2항	들어 봅시다
놀랍다	12과 2항	읽어 봅시다
놓치다	11과 1항	들어 봅시다
눈높이	6과 2항	들어 봅시다
느끼다	3과 1항	읽어 봅시다

ㄷ

다리미	2과 1항	들어 봅시다
다운로드를 받다	20과 1항	준비해 봅시다
단짝 친구	16과 1항	들어 봅시다
당장	3과 2항	들어 봅시다
당하다	16과 1항	들어 봅시다
당황스럽다	5과 1항	들어 봅시다
당황하다	9과 1항	읽어 봅시다
대사	7과 2항	읽어 봅시다
대신	5과 2항	읽어 봅시다
대표	19-20과 복습	
대표하다	12과 1항	들어 봅시다
덕분에	4과 2항	읽어 봅시다
도망치다	7과 2항	읽어 봅시다
독후감	17과 2항	읽어 봅시다
돌리다	6과 2항	들어 봅시다
돌아다니다	11과 2항	읽어 봅시다
동그랗다	5과 2항	읽어 봅시다
동기	1과 1항	들어 봅시다
뒷부분	6과 2항	들어 봅시다
동영상	19과 2항	준비해봅시다
드라이어	9과 2항	들어 봅시다
들다	4과 1항	들어 봅시다
따라가다	16과 2항	읽어 봅시다
딱지치기	19과 1항	읽어 봅시다
또한	3-4과 복습	
뛰어나다	1과 2항	준비해 봅시다
뛰어놀다	19과 2항	들어 봅시다

ㄹ

로비	2과 1항	들어 봅시다

ㅁ

마루	3과 1항	읽어 봅시다
마지막	3과 1항	읽어 봅시다
말리다	9과 2항	들어 봅시다
말투	10과 2항	읽어 봅시다
맛보다	11-12과 복습	
맛집	18과 1항	읽어 봅시다
먹방	19과 2항	들어 봅시다
메모지	20과 2항	들어 봅시다
메트로	9과 1항	읽어 봅시다
면접	1과 2항	준비해 봅시다
명인	11-12과 복습	
모자라다	10과 2항	읽어 봅시다
목발	6과 2항	들어 봅시다
목적지	20과 2항	들어 봅시다
무대	7과 2항	읽어 봅시다
무용	7과 2항	읽어 봅시다
묵다	17과 1항	들어 봅시다
문서	20과 1항	읽어 봅시다
문진표	6과 1항	읽어 봅시다
문화 체험기	11과 2항	읽어 봅시다
물걸레	13과 2항	들어 봅시다
물놀이	12과 2항	읽어 봅시다
미루다	8과 2항	들어 봅시다
믿다	11과 2항	읽어 봅시다

ㅂ

바라다	5과 2항	읽어 봅시다
바위	12과 2항	읽어 봅시다
바라보다	3과 1항	읽어 봅시다
반하다	13-14과 복습	
발목	6과 2항	준비해 봅시다
발야구	2과 2항	읽어 봅시다
방과	8과 1항	읽어 봅시다
배송비	13과 1항	읽어 봅시다
배움	1-2과 복습	
배터리	9과 2항	들어 봅시다
버리다	4과 2항	읽어 봅시다
번역	17과 2항	읽어 봅시다
벌금	4과 2항	읽어 봅시다
법률	11과 1항	들어 봅시다
벼룩시장	11과 1항	들어 봅시다
복	5과 2항	읽어 봅시다
부끄럽다	10과 1항	들어 봅시다
부분	13과 1항	읽어 봅시다
부서	1과 2항	준비해 봅시다
부스러기	13과 1항	읽어 봅시다
분위기	1과 2항	준비해 봅시다
불교	11과 2항	읽어 봅시다
불규칙하다	8과 1항	읽어 봅시다
불만	13과 1항	읽어 봅시다
불상	11과 2항	읽어 봅시다
브로콜리	10과 1항	들어 봅시다
블루베리	10과 1항	들어 봅시다
비용	4과 1항	들어 봅시다
빈손	14과 2항	들어 봅시다
빛나다	7과 2항	읽어 봅시다
삐다	6과 2항	준비해 봅시다

ㅅ

사고방식	16과 1항	들어 봅시다
사과하다	10과 2항	읽어 봅시다
사실	16과 2항	읽어 봅시다
사업가	11과 1항	들어 봅시다
사이좋다	16과 1항	들어 봅시다
사이트	3과 2항	들어 봅시다
사투리	12과 2항	읽어 봅시다
사회	8과 1항	읽어 봅시다
상담	2과 1항	들어 봅시다
상담사	16과 2항	읽어 봅시다
상대방	10과 2항	읽어 봅시다
상영관	7과 1항	들어 봅시다
상장	14과 1항	읽어 봅시다
상태	6과 1항	읽어 봅시다
상품	14과 1항	읽어 봅시다
새해	5과 2항	읽어 봅시다
생방송	13-14과 복습	
생활비	20과 2항	들어 봅시다
서투르다	5-6과 복습	
설레다	7과 2항	읽어 봅시다
설문	10과 1항	들어 봅시다
섭섭하다	17과 2항	읽어 봅시다
성인	8과 1항	읽어 봅시다
성장	8과 1항	읽어 봅시다
성적	1과 2항	준비해 봅시다
셔틀버스	19-20과 복습	
소꿉놀이	19과 1항	읽어 봅시다
소나무	13과 1항	읽어 봅시다
소식	8과 1항	읽어 봅시다
소장	5-6과 복습	
소중하다	18과 1항	읽어 봅시다
수공예품	11과 1항	들어 봅시다
수납하다	6과 1항	읽어 봅시다
수리하다	9과 2항	들어 봅시다
수면	8과 1항	읽어 봅시다
수선하다	3-4과 복습	
숨다	12과 2항	읽어 봅시다
스노클링	12과 2항	읽어 봅시다
스님	11과 2항	읽어 봅시다
스캔	20과 1항	읽어 봅시다
승마	13-14과 복습	
시민	3-4과 복습	
시식하다	11-12과 복습	
식물	11과 1항	들어 봅시다
신체검사	5-6과 복습	
실뜨기	19과 1항	읽어 봅시다
실력	1과 2항	준비해 봅시다
실망하다	16과 2항	읽어 봅시다
실패하다	16과 2항	읽어 봅시다
실험	16과 1항	들어 봅시다
싸다	4과 1항	들어 봅시다
썩다	6과 2항	들어 봅시다
쓰러지다	7-8과 복습	
씩	1과 1항	들어 봅시다

ㅇ

아끼다	20과 2항	들어 봅시다
아랫사람	14과 2항	들어 봅시다
아이디	18과 2항	들어 봅시다
아침저녁	15과 1항	읽어 봅시다
안과	6과 2항	들어 봅시다
안내문	2과 1항	준비해 봅시다
안다	16과 1항	들어 봅시다
안부	14과 2항	들어 봅시다
안색	8과 2항	들어 봅시다
안심하다	13과 2항	들어 봅시다
알리다	1과 2항	읽어 봅시다
알아듣다	1과 1항	들어 봅시다
야간	20과 2항	들어 봅시다
야경	20과 2항	들어 봅시다
야식	8과 1항	읽어 봅시다
어른스럽다	7-8과 복습	
엊그제	8과 2항	들어 봅시다
여쭈다	9과 2항	들어 봅시다
역무실	9과 1항	읽어 봅시다
연결되다	9과 2항	들어 봅시다
연인	14과 2항	들어 봅시다
영상 통화	15과 1항	읽어 봅시다
영원하다	7과 2항	읽어 봅시다
예매권	7과 1항	들어 봅시다
예매하다	7과 1항	들어 봅시다
예술	14과 1항	읽어 봅시다
예의	14과 2항	들어 봅시다
옛	11-12과 복습	
오래되다	3과 2항	준비해 봅시다
오리엔테이션	1과 1항	들어 봅시다
오해하다	10과 2항	읽어 봅시다
온	5과 2항	읽어 봅시다
와플	5과 2항	준비해 봅시다

완성되다	13과 1항	읽어 봅시다
왕자	4과 2항	읽어 봅시다
외국인 등록증	20과 2항	들어 봅시다
우울증	8과 1항	읽어 봅시다
우정	16과 1항	들어 봅시다
운동 부족	8과 2항	들어 봅시다
웃어른	14과 2항	들어 봅시다
원인	15-16과 복습	
원작	7과 2항	읽어 봅시다
월세	3과 2항	들어 봅시다
웹툰	19과 2항	준비해 봅시다
위장	8과 1항	읽어 봅시다
유료	17-18과 복습	
응원	1과 1항	들어 봅시다
의견	1과 2항	준비해 봅시다
의논하다	2과 1항	들어 봅시다
이것저것	1과 1항	들어 봅시다
이사하다	4과 1항	준비해 봅시다
이삿짐센터	4과 1항	준비해 봅시다
이용료	17-18과 복습	
이용하다	2과 2항	읽어 봅시다
이웃	4과 2항	읽어 봅시다
이해력	10과 1항	들어 봅시다
인디언	12과 2항	읽어 봅시다
인생	2과 2항	읽어 봅시다
인정하다	10과 2항	읽어 봅시다
일등	14과 1항	읽어 봅시다
일반	17과 1항	들어 봅시다
일반 쓰레기	4과 2항	읽어 봅시다
일반적이다	18과 2항	들어 봅시다
일정	2과 1항	들어 봅시다
일출	12과 1항	들어 봅시다
입장	20과 2항	들어 봅시다
입장권	20과 2항	들어 봅시다
입장료	12과 1항	들어 봅시다

ㅈ

자격	2과 1항	준비해 봅시다
자동	1과 2항	읽어 봅시다
자세하다	11과 1항	들어 봅시다
자신	3-4과 복습	
자신이 있다	13과 2항	들어 봅시다
자존감	15-16과 복습	
자주색	14과 2항	들어 봅시다
작품	7과 2항	읽어 봅시다
잔돈	11과 1항	들어 봅시다
잔뜩	5과 1항	들어 봅시다
잘살다	1-2과 복습	
장바구니	13과 1항	읽어 봅시다
장점	3과 1항	읽어 봅시다
장터	3-4과 복습	
재다	6과 1항	읽어 봅시다
재사용	3-4과 복습	
재산	9-10과 복습	
재우다	17과 1항	들어 봅시다
재학생	1과 1항	들어 봅시다
재활용 쓰레기	4과 2항	읽어 봅시다
적당하다	3과 2항	들어 봅시다
적성	10과 1항	들어 봅시다
전등	11과 2항	읽어 봅시다
전망대	12과 1항	들어 봅시다
전문가	8과 1항	읽어 봅시다
전시하다	14과 1항	읽어 봅시다
전원	9과 2항	들어 봅시다
전자 출결	19-20과 복습	들어 봅시다
전체	2과 2항	읽어 봅시다
전환	18과 2항	들어 봅시다
절	11과 2항	읽어 봅시다
절반	8과 1항	읽어 봅시다
절을 하다	11과 2항	읽어 봅시다
접수시키다	6과 1항	읽어 봅시다
정보	1과 1항	들어 봅시다
제기차기	19과 1항	읽어 봅시다
제안	17과 2항	읽어 봅시다
조각상	12과 2항	읽어 봅시다
조건	3과 2항	들어 봅시다
조사	10과 1항	들어 봅시다
조연	7-8과 복습	
존경하다	15과 1항	읽어 봅시다
종량제 봉투	4과 2항	읽어 봅시다
주간 식단	19-20과 복습	
주고받다	19과 2항	준비해 봅시다
주민 등록 번호	6과 1항	읽어 봅시다
주의	11과 2항	읽어 봅시다
죽음	14과 2항	들어 봅시다
준비생	17-18과 복습	
줍다	9과 1항	준비해 봅시다
중요성	14과 1항	읽어 봅시다
중장년층	17-18과 복습	
즐기다	19과 1항	읽어 봅시다

증상	6과 2항	들어 봅시다
지식	2과 2항	읽어 봅시다
지역	14과 1항	읽어 봅시다
지적 장애인	7-8과 복습	
직원	1과 1항	들어 봅시다
진달래	5과 2항	준비해 봅시다
진도	18과 2항	들어 봅시다
진료	6과 1항	읽어 봅시다
진료실	6과 1항	읽어 봅시다
진심	10과 2항	읽어 봅시다
진짜	1-2과 복습	
진통제	6과 2항	들어 봅시다
짐	4과 1항	들어 봅시다
짠돌이	13-14과 복습	
째	3과 1항	읽어 봅시다

ㅊ

차례를 지내다	5과 2항	읽어 봅시다
찬성	18과 2항	들어 봅시다
찬성하다	18과 1항	읽어 봅시다
참치	19과 2항	들어 봅시다
찾아보다	11과 1항	들어 봅시다
챙기다	4과 1항	들어 봅시다
처방전	6과 1항	읽어 봅시다
처방하다	6과 2항	들어 봅시다
천재	1-2과 복습	
첫눈	7과 2항	읽어 봅시다
청소년	14과 1항	읽어 봅시다
체온	6과 1항	읽어 봅시다
체육대회	2과 2항	읽어 봅시다
체중	6과 1항	읽어 봅시다
초보자	15과 2항	들어 봅시다
초상화	17과 1항	들어 봅시다
초특가	13-14과 복습	
촬영하다	6과 1항	읽어 봅시다
최선을 다하다	15과 1항	읽어 봅시다
최신식	3과 1항	읽어 봅시다
출판	15과 1항	읽어 봅시다
충치	6과 2항	들어 봅시다
취업	17-18과 복습	
치실	6과 2항	들어 봅시다

ㅋ

캠퍼스	19-20과 복습	
커피포트	2과 1항	들어 봅시다
케이블	9과 2항	들어 봅시다
코스	12과 1항	들어 봅시다
큰일	9과 1항	읽어 봅시다
키친타월	10과 1항	들어 봅시다

ㅌ

타이어	9과 2항	들어 봅시다
탈춤	19과 1항	읽어 봅시다
태도	10과 1항	들어 봅시다
태양	5과 2항	읽어 봅시다
택배비	11-12과 복습	
토하다	6과 2항	들어 봅시다
통하다	3과 2항	들어 봅시다
특식	13-14과 복습	
특이하다	18과 2항	들어 봅시다
특징	3과 1항	읽어 봅시다
튼튼하다	13과 1항	읽어 봅시다

ㅍ

파도	12과 2항	읽어 봅시다
파일	20과 1항	읽어 봅시다
판	19과 1항	준비해 봅시다
팔리다	3-4과 복습	
팸플릿	12과 1항	들어 봅시다
펑크	9과 2항	들어 봅시다
편식	8과 1항	읽어 봅시다
평균	8과 1항	읽어 봅시다
포기하다	16과 2항	읽어 봅시다
포장 이사	4과 1항	들어 봅시다
포털 사이트	9과 1항	읽어 봅시다
표정	7과 2항	읽어 봅시다
표현하다	7과 2항	읽어 봅시다
품질	20과 2항	들어 봅시다
피로	8과 2항	들어 봅시다
필수	1과 1항	들어 봅시다

ㅎ

하나하나	2과 2항	준비해 봅시다
학과	1과 1항	들어 봅시다
학년	1과 1항	들어 봅시다
학사 포탈	19-20과 복습	
학생회	1과 1항	들어 봅시다
한눈	20과 1항	읽어 봅시다
한턱내다	7과 1항	들어 봅시다
합창	14과 1항	읽어 봅시다
해결	16과 2항	읽어 봅시다
해결책	15-16과 복습	

해결하다	16과 1항	들어 봅시다
해물탕	12과 2항	읽어 봅시다
햇빛	3과 2항	들어 봅시다
행사	1과 1항	들어 봅시다
혼내다	15-16과 복습	
화를 내다	10과 1항	들어 봅시다
환경	4과 2항	읽어 봅시다
활용하다	19-20과 복습	
회복되다	6과 2항	준비해 봅시다
회식	1과 2항	읽어 봅시다
횟수	8과 1항	읽어 봅시다
효과	8과 2항	들어 봅시다
훨씬	3과 2항	들어 봅시다
휴게실	1과 2항	읽어 봅시다
흑돼지	12과 2항	읽어 봅시다
희망	15과 1항	읽어 봅시다
희생하다	7과 2항	읽어 봅시다

English Version

새 연세한국어 듣기와 읽기 3-2

별책부록

NEW YONSEI KOREAN Listening and Reading

연세대학교 한국어학당 편

연세대학교 출판문화원

Foreword

The Yonsei University Korean Language Institute ("Yonsei KLI") was established in 1959 as the first institute to provide Korean language courses. Yonsei KLI has published numerous Korean language teaching textbooks and conducted various studies on Korean language pedagogy commensurate with its long history and prestigious reputation as the world's leading Korean language institute. Yonsei KLI has imparted language skills and knowledge of Korea's rich cultural heritage to over 140,000 students from 147 countries. More recently, the institute has extended the learning environment beyond physical classrooms to the online space through the creation of MOOCs(Massive Open Online Course), which have received deep appreciation from those who wish to learn the Korean language but are unable to attend Yonsei KLI in person. To keep pace with the rapidly evolving educational environment, Yonsei KLI continues to relentlessly pursue various endeavors to update and develop new methods of and materials for teaching the Korean language.

Yonsei KLI has offered various regular, short-term, and the university Korean courses for those who are studying the Korean language for both general and special purposes. The institute has been deeply committed to developing teaching materials of the highest quality that cater to learners' needs. The textbooks created and published by Yonsei KLI have been satisfying the diverse needs of Korean language instructors and learners around the world to provide excellent teaching and learning experiences.

Yonsei KLI is now proud to present the "New Yonsei Korean" textbook series which follows in the steps of the "Yonsei Korean 1–6" series, the all-time favorite textbook series for learning the Korean language. Many scholars and instructors with years of hands-on Korean language teaching experience have been involved, and great deals of time and effort have been dedicated in its development. Their understanding of the best teaching practices and the needs of learners are incorporated into this new series.

The recently published "New Yonsei Korean" textbook series is comprised of six levels of vocabulary and grammar, speaking and writing, and listening and reading textbooks. "New Yonsei Korean Vocabulary and Grammar" textbook helps the Korean learners at each level in building and utilizing the key vocabulary words and grammatical concepts. "New Yonsei Korean Speaking and Writing" textbook focuses on speaking and writing exercises that enable learners to familiarize themselves with expressions that are essential for communication in Korean. "New Yonsei Korean Listening and Reading" textbook fosters 2 the comprehension skills appropriate for each level of the Korean language through listening and reading exercises. The three textbooks in each series can be used together as a package to help learners acquire balanced Korean language proficiency or may be used separately depending on the educational environment or individual learners' needs. Furthermore, an additional guidebook for the vocabulary and grammar textbook was provided to assist teachers with relatively less experiences.

Yonsei KLI will continue to dedicate time and energy to developing textbooks and teaching materials that can satisfy the needs and meet the expectations of Korean language learners around the world. Yonsei KLI hopes that this newly released textbook series will be of great help to numerous instructors both inside and outside of Korea doing their utmost to offer top-notch Korean language education and to all of the learners around the world striving to learn the Korean language.

The Yonsei University Institute of Language Research and Education

The Yonsei Korean Language Institute Textbook Compilation Committee

Introduction

01 This book, together with "New Yonsei Korean Language Vocabulary & Grammar 3" and "New Yonsei Korean language Speaking & Writing 3," is for intermediate-level Korean language learners.

02 This book focuses on developing students' comprehension so that intermediate-level Korean language learners can understand what they have read or heard in Korean.

03 This book consists of 20 lessons and each lesson is made up of two units, totaling 40 units in all. For every two lessons, there is a separate review unit, and the book contains a total of 10 review units with an introduction to Korean culture after every two units. Each unit consists of enough material for a 50-minute class, and the entire book contains 50 units total.

04 Each unit of the book consists of a title, learning objectives, and a three-step process, which includes a "Let's Prepare" segment, "Let's Read" ("Let's Listen") / "Let's Listen" ("Let's Read") segments, and a "Let's Organize" segment. All of the units in this comprehension book are comprised of integrated listening and reading exercises. Depending on the content and nature of the unit, the order of the listening and reading activities may vary.

05 Though the title of each lesson in this book is the same as the lesson titles of "New Yonsei Korean Language Vocabulary & Grammar 3," the title of the unit is a sentence from the contents of the unit that best represent the concept that is being taught. In addition, a QR code is included next to each title so that learners can easily listen to the audio.

06 The learning objectives are expressed in "can understand –" and "can understand ~ -related materials" format to clearly state the comprehension function of the lesson.

07 The "Let's Prepare" segment is an introduction to the unit and is a preparatory stage that helps learners understand the reading and listening contents of the unit. It consists of a visual representation that calls attention to the background knowledge pertaining to the theme and contents of the unit, as well as necessary vocabulary and activities. However, it is not just a simple lesson on vocabulary; the vocabulary list consists of words that are actually used in the sentence or within the context of the dialogue so that learners can further their understanding of the words that are being used through this comprehension book.

08 "Let's Read" focuses on improving the communication skills of intermediate-level Korean language learners in their usage of literary expressions in every-day situations by introducing various materials. Students will read various forms of writings that they may come across in real-life situations, as well as in a social context, and work on exercises to comprehend the contents of what they have read.

09 "Let's Listen" is formatted so that learners can improve their real-life communication skills by learning colloquial expressions. The listening passages begin with short conversations and then proceed on to longer discussions, showing a progressive increase in the difficulty level of the passage. The passages not only include real-life conversations, but formal discourse in the social context, including news, broadcasts, advertisements, economic information, and debates.

10 "Let's Organize" is a segment that helps learners confirm and examine what they have learned and aims to strengthen students' linguistic ability through an integrated learning method that incorporates other learning skills. This segment includes exercises where learners can integrate the contents of the speaking, listening, reading, and writing activities.

11 "Review" is composed of 2 parts: reading and listening, where learners can utilize the vocabulary, sentence pattern and contents of what they have learned in the preceding two lessons. Learners can focus on either listening or reading using what they have learned from each unit and use an integrated learning method to connect the other remaining skill through these exercises.

12 "Culture" is contained in the final portion of the Review Unit as a cultural text and illustration. Cultural contents that are appropriate for comprehension purposes were selected and included to introduce contents about Korean culture.

13 The Appendix includes translations of the reading passages, listening passage transcripts and translations, the answer key, and an index of vocabulary words.

Contents Map

Lesson	Unit	Learning Objectives	Grammar	Culture
Lesson 11 A new experi-ence	<1> Using the Seoul Global Center	To understand how to use the Seoul Glob-al Center and comprehend event-related content	-는다고 하던데 -는 대로	Seoul Seong-gwak-gil, where history breathes
	<2> Korean cul-tural experiences	To understand content regarding Korea's temple stay experience	-기는 하다 -다니	
Lesson 12 Travel	<1> Using the Tourist Informa-tion Center	To understand content related to the use of Tourist Information Centers and tourist information	-을 만하다 -는답니다	
	<2> Talking about your trav-els	To understand content related to one's impression after traveling	-을 뿐만 아니라 이며 이며	
Lesson 13 Shopping	<1> Internet shopping	To understand about the benefits of inter-net shopping and how it has developed	만 못하다 -기도 하다	Korea's gift culture
	<2> Exchanges and refunds	To understand how to exchange or refund a purchase	-을걸요 -거나 하면	
Lesson 14 Invitation	<1> International exchange event	To understand how to introduce an inter-national exchange event and extend an invitation	-느라고 -는단 말이에요?	
	<2> Etiquettes upon visitation	To listen to and understand etiquette for when you receive an invitation for a visit	-어다가 -다니요?	

Lesson	Unit	Learning Objectives	Grammar	Culture
Lesson 15 Work and life	<1> What I want to do	To understand content regarding what you want to do in the future	-는 걸 보니 -기만 하면 되다	Introducing the international student counseling center
	<2> Part-time job interview	To understand the content of various part-time job interview situations	-곤 하다 -건 -건	
Lesson 16 Worries and advice	<1> Problems with friends	To listen to and understand content regarding problems with friends	-는 사이에 -는 척하다	
	<2> Giving advice	To understand content regarding giving advice to others	-지 그래요? -거든	
Lesson 17 Request and refusal	<1> Making a request	To understand how to make a request in various situations	-을지 모르겠다 고 해서	Korea's meeting culture
	<2> Refusing a request	To understand how to refuse a request	-지 -을 텐데요	
Lesson 18 Meeting	<1> Everyday life meeting	To understand content regarding meeting activities with close friends	-는다고 해서[1] -었다가[2]	
	<2> Study meeting	To understand content regarding various study meeting activities	-었다면 -을 수도 있다	
Lesson 19 Play culture	<1> Korean traditional folk games	To understand Korean traditional folk games	을 가지고 -었었다	Jeongwol Daeboreum
	<2> Modern-day play culture	To listen to and understand content regarding modern-day play culture in Korea	-이나[4] -을수록	
Lesson 20 Daily life information	<1> College life app	To understand content introducing an application for college life information	-어 버리다 -는 모양이다	
	<2> Information for study abroad	To understand content regarding information that is helpful while studying abroad	-었을 텐데요 만 하다	

Contents

Foreword / iii
Introduction / iv
Unit Compilation / vi

Lesson 11 A new experience ... 2
Lesson 12 Travel ... 8
Lesson 13 Shopping ... 16
Lesson 14 Invitation ... 22
Lesson 15 Work and life ... 32
Lesson 16 Worries and advice ... 38
Lesson 17 Request and refusal ... 46
Lesson 18 Meeting ... 52
Lesson 19 Play culture ... 60
Lesson 20 Daily life information ... 66

Appendix Answer Sheet / 72
Vocabulary Index / 78

Bonus Book Translation by language

Lesson 11 A new experience

<1> Using the Seoul Global Center

Learning Objective: To understand how to use the Seoul Global Center and comprehend event-related content

Vocabulary

자세하다 **to be specific** 찾아보다 **to look for**
벼룩시장 **flea market** 수공예품 **handmade goods**
식물 **plants** 잔돈 **change**
법률 **law** 교육 **education**
놓치다 **to miss out on** 사업가 **businessperson**

I. Let's Prepare

The Seoul Global Center is recruiting foreign students who wish to work part-time.

- Period: July 2021 ~ December 2021 (six months)
- Language: English (2 people), Chinese (1 person)
- Job description: To attend events for foreigners and then write about the event, SNS activities
- Work hours: 14 hours per week
- 10,000 won per hour
- 18 years of age or older
- TOPIK level 4 or higher

II. Let's Listen

하늘: 노라 씨, 요즘 힘들어 보여요. 무슨 일 있어요?
노라: 아니요, 그냥 요즘 학교하고 집만 왔다 갔다 해서 좀 심심해요. 한국 생활을 좀 더 재미있게 할 수 있는 방법이 없을까요?
하늘: 그럼 서울 글로벌 센터 프로그램을 찾아보는 건 어때요?
노라: 서울 글로벌 센터요? 거기에서 뭘 하는데요?
하늘: 외국인들을 위한 문화 체험이나 교육 프로그램이 많다고 들었어요. 홈페이지에 들어가서 찾아보거나 전화해서 문의해 보면 더 자세하게 알 수 있을 거예요.
노라: 그렇군요. 그런데 제가 아직 한국말이 서툴러서 어려운 내용을 잘 이해하기가 힘들어요. 하늘 씨가 좀 도와줄래요?
하늘: 그래요, 지금 같이 찾아봐요.

Haneul: You look like you're having a hard time these days, Nora. Is something wrong?

Nora: No, I'm just a little bored because I just go back and forth between my school and home these days. Is there any way to make life in Korea a bit more fun?

Haneul: Then, why don't you take a look at the Seoul Global Center programs?

Nora: The Seoul Global Center? What's that?

Haneul: I heard that there are a lot of cultural experiences and educational programs for foreigners there. If you go online and search their website or call them and make an inquiry, you can learn about the specifics of these programs.

Nora: I see. But I still have difficulty understanding difficult contents because I am still not very good at Korean. Would you help me, Haneul?

Haneul: Sure, let's find out together now.

2.

가: 서울 글로벌 센터입니다. 무엇을 도와드릴까요?
나: 외국인 벼룩시장이 있다고 하던데 어떻게 신청할 수 있나요?
가: 서울 글로벌 센터 홈페이지에서 신청하시면 돼요.
나: 알겠습니다. 벼룩시장에서는 어떤 걸 팔 수 있어요?
가: 안 쓰는 물건, 자기 나라 수공예품, 기념품 같은 물건을 많이 팔아요. 술이나 음식은 안 되고 칼 같은 위험한 물건이나 동물이나 식물 같은 살아 있는 것도 팔 수 없어요.
나: 또 제가 알아 두어야 할 것이 있나요?
가: 잔돈을 미리 준비해 놓는 것이 좋아요. 그리고 행사가 끝나면 모든 정리도 끝내 놓고 가셔야 합니다.
나: 네, 알겠습니다. 집에 돌아가는 대로 홈페이지에서 신청할 게요.

A: Seoul Global Center. How may I help you?

B: I heard there is a foreigner flea market. How can I register?

A: You can register through the Seoul Global Center website.

B: I see. What can I sell at the flea market?

A: They sell a lot of things such as items you don't use, handmade goods from your home country, or souvenirs. You can't sell alcohol or food products, or dangerous items like knives. Living things like animals or plants cannot be sold, either.

B: Is there anything else I should know?

A: It'd be good to prepare change in advance. Also, when the event is over, you'll have to tidy up everything before you leave.

B: Okay, I got it. Thank you. I'll register through the website as soon as I get home.

3-5.

가: 서울 글로벌 센터에 대해서 알고 계십니까? 저희 서울 글로벌 센터에서는 서울에 사는 외국인 여러분들을 위해서 상담 서비스, 교육 서비스, 멘토링 서비스, 문화 서비스와 같은 여러 가지 서비스를 하고 있습니다. 먼저 저희 센터에서는 부동산이나 법률 문제에 대해서 상담을 하고 있습니다. 상담하는 분들은 한국 분들이시지만 외국어 서비스를 하고 있으니까 걱정하지 말고 오시기 바랍니다. 또한 저희 센터에는 한국어 교실이나 서울 생활 오리엔테이션 같은 여러 가지 무료 교육 프로그램이 있습니다. 한국어가 서투르거나 서울 생활을 시작한 지 얼마 되지 않은 분들은 이 프로그램을 신청하세요. 그리고 저희는 한국에서 사업을 하려는 외국인 여러분들에게 사업 멘토링 서비스를 하고 있습니다. 서울에서 사업을 하고 있는 사람들과 직접 만나서 여러 가지 이야기를 들을 수 있으니까 신청 기간을 놓치지 말고 신청하시기 바랍니다. 마지막으로 저희 서울 글로벌 센터

에서는 서울시 축구팀과 같이 보내는 외국인의 날, 글로벌 콘서트, 벼룩시장 같은 여러 가지 문화 행사도 하고 있으니까 오셔서 즐거운 시간을 보내시기 바랍니다. 저희 프로그램에 대해서 더 자세히 알고 싶으신 분들은 언제든지 저희 센터에 방문하시거나 전화해 주시기 바랍니다.

A: Do you know about the Seoul Global Center? The Seoul Global Center provides diverse services for foreigners living in Seoul, including consultation services, educational services, mentoring services, and cultural services. First, our center provides real estate or legal consultations. Our consultants are Korean, but there's no need to worry since we have a foreign language service available. We also have free educational programs like Korean language classes or orientations to get adjusted to life in Seoul. Those of you who are not very good at Korean or have just begun living in Seoul can register for this program. We also provide business mentoring services for those of you who wish to begin a business here in Korea. You can meet with people who are doing business in Seoul and hear their stories so don't miss the deadline and register. Lastly, the Seoul Global Center also holds many cultural activities like Foreigner Day together with the Seoul City soccer team, global concerts, and flea markets, so come and have a good time. If you would like to hear the specifics of our program, you can visit the center or give us a call.

<2> Cultural experience

Learning Objective: To understand content regarding Korea's temple stay experience

Vocabulary

절 temple | 불교 Buddhism
스님 monk
돌아다니다 to walk around
주의 warning | 불상 Buddha statue
절을 하다 to bow | 믿다 to believe
전등 lantern
문화 체험기 journal of cultural experience

I. Let's Prepare

가: 한국에 며칠 동안 놀러 온 내 친구가 태권도를 배워 보고 싶어 하는데 어디에서 태권도를 배울 수 있을까?

나: 내가 배웠던 태권도 학원 선생님의 연락처를 알려 줄까?

가: 그래, 알려 주면 고맙지. 그런데 태권도를 한두 번 배워서 할 수 있을까?

나: 물론 금방 배울 수 없기는 해. 하지만 전에 내가 배울 때 선생님께서 천천히 잘 가르쳐 주시고 한국말로 이야기를 하시니까 한국말도 배울 수 있어서 참 재미있었어.

가: 그렇구나. 친구한테 내일 같이 태권도 학원에 가자고 연락해야겠다.

나: 그래. 특별한 문화 체험이 될 거야.

A: My friend who came to visit Korea for a few days wants to learn taekwondo. Where can we learn taekwondo?

B: Do you want me to tell you the contact number of my taekwondo academy teacher where I used to learn there?

A: Sure, I'd appreciate if you'd let me know. But will I be able to learn taekwondo in just a day or two?

B: Of course you can't learn it immediately. But when I learned back then, my instructor taught me well and slowly and since the instructor spoke in Korean, I was able to learn Korean as well, so it was very fun.

A: I see. I should contact my friend about going to the taekwondo academy together tomorrow.

B: Sure. It will certainly be a special cultural experience.

II. Let's Read

Temple stay, where time flows slowly

I usually enjoy spending my time quietly in the natural environment like the mountains or by the river. One day, I saw an advertisement on temple stay and thought that it was an experience made just for me. According to the ad, a temple stay would allow us to learn about Korea's Buddhist culture inside a quiet temple, as well as creating pleasant memories through various activities. That's why my friend and I applied for temple stay.

My friend and I arrived the temple at around 3 p.m. Inside the temple, there were many people who applied for the temple stay. A monk shared a few things we mustn't do here. A man who was talking in a loud voice with the person next to him, a foreigner who went inside the temple room with his shoes on, a college student who was walking around the temple drinking his beverage and a female student who was wearing short shorts were warned by the monk. I also learnt other rules that must be followed. When we see one another, we must fold our hands and exchange greetings, and we must keep the time of going to bed and waking up.

We followed the words of the monk and spent a day at the temple. First, we bowed in front of the Buddha statue. It is said that people bow in order to cleanse their hearts. We ate dinner at 6 p.m. and the menu was rice and vegetables. Because the temple is a place that believes in Buddhism, it is said that they do not use meats or eggs as cooking ingredients. After dinner, we made lotus flower lanterns. It was very beautiful to see the lanterns at night.

The next morning, we woke up at 4 a.m., ate breakfast, and finished our temple stay. During the temple stay, I thought about how I've lived so far and what I should do in Korea in the future. At the quiet temple, I thought about why I had come to Korea and what I would do during my stay in Korea. I want to recommend temple stay to people who have deep thoughts upon themselves, no matter what those thoughts are, or to those who have worries.

Lesson 12 Travel

<1> Using the Tourist Information Center

Learning Objective: To understand content related to the use of Tourist Information Centers and tourist information

Vocabulary

코스 **course**
대표하다 **to represent**
팸플릿 **pamphlet**
일출 **sunrise**
전망대 **observatory**

I. Let's Prepare

Do you know about the mobile Tourist Information Center?

The Korea Tourism Organization asked foreign visitors what was most uncomfortable during their stay in Korea, and 52.3% answered "the language barrier." To help ease the discomforts of foreign tourists, we have begun operating the "mobile Tourist Information Center" service. This means that guides go to areas with lots of tourists to provide them with assistance. This service first began in Myeong-dong where there are a lot of tourists with seven guides.
At present, about 80 guides are serving as "mobile Tourist Information Centers" in nine tourist attractions in Seoul, including Myeong-dong, Namdaemun Market, Sinchon, Dongdaemun, and Hongik University. These guides not only help you with restaurant, shopping, tourist attraction and lodging related information, they also help tourists with their personal discomfort matters and are working hard to make Korea into a country that tourists would want to visit again.

Reporter
Woobin Kim

II. Let's Listen

1.

가: 이번 방학에 여행을 가려고 하는데 어디가 좋을까요?
나: 설악산에 가는 건 어때요?
가: 아, 그렇지 않아도 설악산에 꼭 한번 가 보고 싶었는데...
나: 저는 작년에 갔었는데 일이 바빠서 제대로 준비도 못하고 갔어요. 그런데 다행히 그곳에 있는 관광 안내소에서 관광지, 숙박 시설, 교통편, 맛있는 식당, 관광 코스 등을 친절하게 가르쳐 줘서 재미있게 잘 놀고 왔어요.
가: 그렇군요. 저는 인터넷에 올라온 글만 이것저것 읽어 보고 있었어요.
나: 설악산에 가면 거기에서 도움을 받아 보는 것도 나쁘지 않을 거예요. 그리고 그곳에서 지도도 무료로 주니까 꼭 챙기고요.

A: I'm thinking of taking a trip this vacation. Where should I go?
B: What about Mount Seorak?
A: Ah, I've always wanted to go to Mount Seorak...
B: I went last year, but because I was so busy with work, I couldn't even prepare properly. Thankfully, the Tourist Information Center there was so friendly and helped me with tourist attractions, lodging, transportation, guides on delicious restaurants and tour courses, so I had a fun time.
A: I see. I've only been reading this and that on posts found on the Internet.
B: It wouldn't be a bad idea to get help there when you go to Mount Seorak. And they also provide free maps, so pick one up.

2.

가: 여보세요? 거기 부산 관광 안내소지요?
나: 네, 뭘 도와 드릴까요?
가: 다음 주에 부산에 갈 계획인데요. 관광 안내소에 가서 자세한 정보 좀 물어보려고요.
나: 언제쯤 오실 계획이세요?
가: 10월 8일에 1박 2일로 가려고 해요. 관광 안내소 위치가 어떻게 되나요?
나: 1호선 남포역에서 내리세요. 2번 출구로 나오셔서 10m만 직진하면 되니까 쉽게 찾으실 수 있어요.
가: 혹시 주변에 갈 만한 관광지가 있나요?
나: 자갈치 시장이 있는데 구경거리가 많답니다.
가: 그래요? 한번 가 봐야겠네요. 감사합니다.

A: Hello? Is this the Busan Tourist Information Center?
B: Yes, how may I help you?
A: I'm planning on visiting Busan next week. I'd like to go the Tourist Information Center and ask for some detailed information.
B: When do you plan to visit?
A: I'm going to go on October 8th for two days and one night. Where is the Tourist Information Center?
B: Get off subway line 1 at Nampo Station. Then,

take the #2 exit and walk about 10m. You'll find it easily.

A: Are there any tourist locations nearby?

B: There's lots to see at the Jagalchi Market.

A: Is that so? I'll have to visit. Thank you.

3-5.

가: 어서 오세요. 무엇을 도와 드릴까요?

나: 안녕하세요? 내일 아침에 일출을 보기 좋은 장소와 시간을 알고 싶어서 왔는데요.

가: 속초에서는 아침 5시 반쯤에 설악산 중앙공원에서 보는 일출이 아주 아름답습니다. 중앙공원은 속초 고속버스터미널에서 약 4km 떨어져 있는데 차로 10분 거리입니다.

나: 터미널에서 가까운 곳에 있네요. 제가 아직 숙박할 곳을 정하지 못했는데 터미널 근처에 있는 호텔 좀 추천해 주시겠어요?

가: 바다호텔이 있는데요. 새로 지어서 시설도 좋고 가격도 비싸지 않아서 묵으시기 괜찮을 거예요.

나: 일출을 보고 난 후에 구경할 만한 관광지와 음식 좀 소개해 주시겠어요?

가: 텔레비전에도 소개된 적이 있는 오징어순대 식당이 있는데 오징어순대는 속초를 대표하는 음식이랍니다. 식사 후에는 가까운 속초 전망대 방문을 추천해 드리고 싶습니다. 속초의 아름다운 경치를 볼 수 있는 곳이에요. 전망대에 오르면 뒤로는 설악산의 경치를 볼 수 있고, 앞으로는 넓은 동해 바다를 보실 수 있습니다.

나: 말씀하신대로 일정을 짜야겠네요. 감사합니다.

가: 저기 문 옆에 무료로 이용하실 수 있는 관광 안내 팸플릿과 지도가 있으니까 가지고 가세요.

A: Welcome. How may I help you?

B: Hello. I came because I want to know where is a good location and time to see the sunrise tomorrow morning.

A: The most beautiful sunrise in Sokcho can be seen around 5: 30 a.m. in the morning at the Mount Seorak National Park. The national park is about 4km from the Sokcho bus terminal and is about 10 minutes by car.

B: It's close to the terminal I see. I haven't decided where to stay yet. Could you recommend a hotel near the terminal?

A: There is a Beach Hotel. It's newly built with good facilities and the price is not expensive, so it'll be fine for you to stay there.

B: Would you please introduce me with tourist attractions worth going and food worth eating after I see the sunrise?

A: There's a restaurant that was featured on TV that specializes in *ojingeo soondae* (stuffed squid), a dish that Sokcho is known for. After your meal, I want to recommend visiting the Sokcho Lighthouse Observatory that is nearby. It is a place where you could see the beautiful view of Sokcho. If you go up to the top of the Observatory, you can even see Mount Seorak bordered by the East Sea.

B: I should arrange my schedule according to what you've said. Thank you.

A: There is a free tour guide pamphlet and map by the side of the door over there, so please take one.

<2> Talking about your travels

Learning Objective: To understand content related to one's impression after traveling

Vocabulary

사투리 dialect	바위 rock
숨다 to hide	인디언 Indian
조각상 statue	놀랍다 to be amazing
흑돼지 black pork	스노클링 snorkeling
파도 waves	물놀이 playing in the water
해물탕 spicy seafood stew	

I. Let's Prepare

가: 방학 때 어디 다녀왔어요?

나: 2박 3일로 제주도에 다녀왔어요.

가: 와, 좋았겠네요. 여행은 재미있었어요?

나: 네, 제주도에서만 먹을 수 있는 음식도 많을 뿐만 아니라 볼거리도 많아서 아주 즐거웠어요. 리타오 씨도 꼭 한번 가 보세요.

가: 네, 그렇지 않아도 저도 이번 방학에 친구와 같이 가기로 약속했답니다. 그런데 잠은 어디에서 잤어요?

나: 게스트 하우스며 호텔이며 잘 곳이 아주 많아요. 전 게스트 하우스에서 잤는데 가격도 싸고 교통도 편리해서 좋았어요. 여행 온 외국인 관광객들하고 이야기를 나눌 수 있어서 재미있었고요. 필요하면 제가 거기 이름하고 위치를 알려 드릴게요.

A: Did you go anywhere during vacation?

B: I went to Jeju Island for three days.

A: Wow, that must've been nice. Was your trip fun?

B: There were a lot of foods that we could only taste in Jeju Island and on top of that, there was so much to see so it was very enjoyable. Letao you should definitely go.

A: Actually, I made plans to go with a friend this vacation. Where did you stay?

B: There are so many places to stay in Jeju Island, including guesthouses and hotels. I stayed at a guesthouse and it was great since it was cheap and offered convenient transportation. It was also really fun as I get to share conversations with foreign tourists who came for visit. If you need, I'll let you know the name and location of the guesthouse.

II. Let's Read

Visiting Jeju Island again in a year

It seems like only yesterday that I visited Jeju Island for my honeymoon, but I felt really good taking my

child with me on a trip to Jeju Island.
Our family decided to find places in Jeju Island that were hidden away and not well-known, and the place we decided to visit was Keuneong Promenade. In Jeju Island dialect, "Keuneong" means "big hill" and the name was given to the place because the large rocks look like they are talking towards the sea. Keuneong Promenade also features an Indian cliff that looks like the face of an Indian as well as a status of a Jeju woman. If you walk along that path, you will be able to see a shape of the map of Korea made out of tree branches, which was really amazing. For dinner, we made our way to a black pork restaurant recommended by the Jeju Island locals. Jeju black pork is well known for its excellent texture and taste.
The next day, we travelled to the beach to see inside the waters. While snorkeling, we saw small turtles and various types of fish. I was so amazed because the fish didn't even seem surprised to see me. That day, the waves were very strong, so it wasn't easy to see what was in front of us, but we were still able to take few pictures of some pretty fish. Looking at the pictures takes me back to the feeling I experienced in the water. After a fun day of playing in the water, we made our way to the airport to return to Seoul. We ate spicy seafood stew at a restaurant near the airport, and the many kinds of seafood in the stew were so fresh. The soup was also tasty and thinking about it makes me crave it again. In the plane ride back to Seoul, we promised to visit Jeju Island again.

Review (Lessons 11-12)

Vocabulary

맛보다 **to taste**
김장간 **gimjanggan (place where kimchi is made)**
명인 **master**
옛 **old**
강좌 **lecture**
택배비 **delivery fee**
시식하다 **to taste**
각 **each**

Come to the Seoul Gimjang Cultural Festival!

The "5th Seoul *Gimjang* Culture Festival" will be held from November 3 to 5 at the Seoul Plaza. The Seoul *Gimjang* Cultural Festival is a representative festival of Seoul where participants can see the *Gimjang*, or *kimchi*-making culture, experience it, and even taste *kimchi*. Don't miss this chance to experience making *kimchi* for free and to also take the delicious *kimchi* with you back home.
The "Seoul *Gimjang* Culture Festival" is divided into 4 programs in total, including "Our family's *Gimjanggan*," "Master's *Gimjanggan*," "Chef's *Gimjanggan*," and "Foreigner's *Gimjanggan*."
This year, in particular, under the theme of "Let's prepare our family's *Gimjang* at the Seoul *Gimjang* Culture Festival", "Our family's *Gimjanggan*" program has been prepared in a large-scale. It's a program where you make 5 kg of *Gimjang kimchi* per person for free along with the master. Participants just need to choose their favorite master on the website and apply for it. Also, you can conveniently send the *kimchi* you've made to your home using the delivery service. But delivery fee is at your own expense.

The "Master's *Gimjanggan*" program gathers several masters and villagers together to show the audience on how Korean women used to make *kimchi* in the past. Participants can get a taste of the master's *kimchi*.
The "Chef's *Gimjanggan*" program is a lecture in which monks, well-known for their temple-style food, and young chefs introduce one *kimchi* recipe under the theme of "The meeting between tradition and health".
The "Foreigner's *Gimjanggan*" program is a special *Gimjang* experience in the form of a story-tale *kimchi* class where foreigners can try making their own *kimchi*.
For those who wish to apply for individual programs can apply through the website (www.seoulkimchifestival.com) from September 7.

***Seoul Seonggwak-gil*, Where history breathes**

The Seoul *Seonggwak-gil* is a beautiful city architecture that seamlessly integrates history, culture, and nature and is a Korean cultural heritage where history and culture proudly breathes and lives. Many old cities of the world made *seonggwaks*, or fortress walls, to designate national borders or to protect their city. Likewise, the founder of Joseon, King Taejo, born Yi Seong-gye, designated Hanyang as the capital and in 1396 (5th year of Taejo) built about 18 km of fortress walls surrounding Hanyang. during King Yeongjo's rule, a wall was built to effectively fortify defenses near the eastern part of the fortress wall. A section of "Seoul Seonggwak" is made available for people to walk along the Seonggwak-gil, therefore it is receiving much love from the citizens as they use it as a walking trail.

Lesson 13 Shopping

<1> Internet shopping

Learning Objective: To understand about the benefits of internet shopping and how it has developed

Vocabulary

장바구니 shopping cart　배송비 delivery fee
소나무 pine tree　튼튼하다 to be strong
완성되다 to be completed　부분 part
끼우다 to assemble　불만 dissatisfaction
부스러기 fragment

I. Let's Prepare

가: 넌 어쩌면 그렇게 쇼핑을 잘 하니? 쇼핑 전문가 같은데?

나: 너 '이지쇼핑' 몰라? 이것만 있으면 너도 전문가가 될 수 있어.

다: "나는 쇼핑 전문가는 아니지만 남들만큼은 싸게 사고, 여행도 잘 모르지만 즐겁게 여행도 다니고, 요즘 유행하는 옷을 입고 거리에도 나가 봅니다. 이지쇼핑이 있어서 나는 아주 편하게 삽니다. 쇼핑은 역시 이지쇼핑."

A : How are you so good at shopping? You're like a shopping guru.

B : Don't you know "Easy Shopping "? If you just have this, you can be a guru, too.

C : "I may not be a shopping guru, but I can buy products just as cheap as anyone. I may not know much about traveling, but I can take a nice vacation. I can even take to the streets, wearing the latest fashion trend items. I live pretty comfortably, thanks to "Easy Shopping." All your shopping needs with "Easy Shopping."

II. Let's Read

OH SHOPPING where you trust and find

EASY Computer Desk
Color: White
Size: 1100×700×750mm
Price: 58,000 won
*Arrives the day after tomorrow. Free delivery.

Pine Tree ★★★★★
I bought it 3 years ago and I'm still using it well until now. I can't even tell you how strong it is. That's why I've re-ordered one as a housewarming party gift for my younger sibling. It's not a ready-made product but you'll need to assemble each part together when making it so some people might find it difficult but it was fun for me as I've assembled each part one by one and made it by myself. Although I've made it on my own, it wouldn't be too difficult if you have someone to help you. My younger sibling was very happy when hearing that I'm giving him this as a gift, too.

ZeroDissatisfaction ★☆☆☆☆
Woodchips keep falling out from the desk so it's not as good as my pervious desk. I've called OH SHOPPING Customer Service several times but the furniture company has not contacted me, not even once until now. I've moved into a new house but woodchips keep falling out so I had to clean 5-6 times a day. Customer Service told me that even if they try calling the furniture company, they wouldn't pick up the phone because it's national holiday. I was so angry that I told the furniture company if they don't come and take away my desk within 3 days, I will throw it away, but they still didn't contact me. In the end, I got a refund for cancelling my card payment at the Customer Service, but I don't want to buy anything from this company ever again.

<2> Exchanges and refunds

Learning Objective: To understand how to exchange or refund a purchase

Vocabulary

안심하다 to be relieved　물걸레 wet floorcloth
기회 chance　자신이 있다 to be confident
교환권 certificate for exchanges

I. Let's Prepare

Information regarding order cancellation, exchanges and refunds

Place an order	Payment complete	Product is being prepared	Delivery complete
Online order can be cancelled.		Please inquire the vendor.	

II. Let's Listen

1.

가: 지금 방송 중인 물걸레 청소기를 하나 주문하고 싶은데요. 잘 닦이나요? 방송에서처럼 잘 닦이는지 모르겠네요.

나: 이 제품을 주문하시면 일주일 동안 써 보실 수 있는 기회를 드립니다. 댁에서 써 보시고 마음에 안 드시면 돌려보내셔도 되니까 안심하시고 주문해 보세요.

가: 그래요? 물건을 돌려보낼 때 비용은 어떻게 해야 하나요? 제가 내야 해요?

나: 아니요, 그 비용도 내실 필요가 없습니다. 제품에 자신이 있기 때문에 이런 서비스도 해 드리고 있습니다. 주문하시겠어요?

가: 네, 주문할게요.

나: 그럼 성함과 주소, 전화번호와 결제하실 카드 번호를 말씀해 주세요.

A: I'd like to purchase the vacuum with the wet floorcloth attached that's being broadcast right now. Does it wipe well? I don't know if it wipes well, like the broadcast says.

B: If you order the product, we will give you an

opportunity to try it out for one week. You can try it at home and return it to us if you don't like it. So you can place the order with peace of mind.

A: Really? What about the return fee? Do I need to pay it?

B: No, you don't have to pay for that, either. We're providing this service because we are confident in our product. Would you like to place the order?

A: Yes, I'll place the order.

B: Then, please tell me your name, address, phone number and the card number for your payment.

2.

가: 이걸로 주세요. 그런데 선물이라서 택배로 바로 보내고 싶은데 가능한가요?

나: 네, 5만원 이상 사셨으니까 택배비가 무료입니다.

가: 그런데 받는 분이 혹시 마음에 안 들어 하시면 어떻게 하지요? 꼭 이 매장으로 와서 바꿔야 하나요?

나: 저희가 교환권을 같이 넣어서 보내 드리고 있어요. 사시는 곳 근처에 있는 아무 백화점이나 저희 매장에 가시면 교환하실 수 있으니까 걱정하지 않으셔도 돼요. 문제가 있거나 하면 여기로 전화 주시고요.

가: 네, 알겠습니다. 포장도 예쁘게 부탁드립니다. 주소 알려 드릴게요.

A: I'll take this one. It's a gift and I'd like it delivered immediately. Would that be possible?

B: Yes, the service is free since it's over 50,000 won.

A: But what if the person receiving the gift doesn't like it? Will she have to come to the store to exchange it?

B: We provide a certificate for exchanges and send it with the product. She can exchange the product at any of our branches in any department store near where she lives, so you don't need to worry. If you have any problems, please call here.

A: Okay, I got it. I'd like it gift-wrapped, too. Here's the address.

3.

가: Y쇼핑 상담원 김. 진. 석입니다. 무엇을 도와 드릴까요?

나: 저.. 얼마 전에 이 쇼핑 사이트에서 의자를 샀는데요. 의자가 너무 높아서 제 책상 의자로는 사용할 수가 없어요.

가: 그러세요? 주문하시기 전에 의자 높이를 확인하지 않으셨습니까?

나: 네, 사진만 보고 디자인이 너무 예뻐서 주문했어요.

가: 이런 경우 고객님께서 물건을 돌려보내는 비용을 내셔야 합니다. 저희 쪽에 의자가 도착하면 문제가 없는지 확인해 본 후 문제가 없으면 환불해 드립니다. 신청해 드릴까요?

나: 비용은 얼마인가요?

가: 가구는 배달비가 비싸서 돌려보내는 비용이 좀 많이 듭니다. 3만 원입니다.

나: 3만 원이나요? 살 때 잘 보고 샀어야 하는데... 비용이 많이 들긴 하지만 그래도 신청할게요.

가: 네, 그럼 접수해 드리겠습니다. 그리고 3만 원은 제가 알려 드리는 은행 계좌로 보내 주시고 의자는 택배 기사와 통화하신 후 택배 기사에게 전해 주시면 됩니다. 은행 계좌 번호는 문자로 보내 드리겠습니다. 물건 확인 후 문제가 없으면 바로 카드 결제를 취소해 드리겠습니다.

나: 네, 감사합니다. 부탁드리겠습니다.

가: 언제나 고객과 함께하는 Y쇼핑 상담원 김. 진. 석이었습니다. 감사합니다.

A: This is Jin-seok Kim of Y Shopping Mall. How may I assist you?

B: Um... I recently bought a chair at this website. The chair is too high that I can't use it as my desk chair.

A: Is that so? Didn't you check the height of the chair before placing the order?

B: Yes, I ordered it just by looking at the pictures as the design looked very beautiful.

A: In this case, you will have to pay the cost of returning the item, miss. We'll check if there's any problem with the chair when it arrives, and if there's no problem, we'll give you a refund. Should I apply for you?

B: How much does it cost?

A: Furniture delivery fees are expensive so it will cost quite a lot to send it back. It'll be 30,000 won.

B: 30,000 won? I should have read the information better before purchasing the product... The fee is pretty expensive, but I'll apply anyway.

A: Okay, then I will receive your application. Also, please send 30,000 won to the bank account that I'll inform you about later and for the chair, please call the delivery man first, then pass it on to the delivery man. I'll send you the bank account number by text. Once we check the returned item and confirm that there is no problem, we'll immediately cancel your credit card purchase.

B: Yes, thank you. I appreciate your help.

A: This was Jin-seok Kim of Y Shopping Mall, always at your service. Thank you.

Lesson 14 Invitation

<1> International exchange event

Learning Objective: To understand how to introduce an international exchange event and extend an invitation

Vocabulary

교류 exchange	청소년 youth
중요성 importance	전시하다 to exhibit
공예품 craftwork	지역 region
합창 singing together	예술 arts
일등 first place	상장 award
상품 prize	기념 commemoration

I. Let's Prepare

가: 선배님, 작년에 교환학생으로 중국에 다녀오셨죠? 저도 교환학생 프로그램에 관심이 있어서요.

나: 그럼 학교 국제 교류처에 가 봐. 유학 갈 나라와 학교에 대한 여러 가지 정보를 얻을 수 있어.

가: 저는 전공에 도움이 되는 유학을 하고 싶은데 어떤 나라, 어떤 학교가 좋은지 잘 모르겠어요.

나: 거기 계신 직원 선생님이 잘 상담해 주실 거야. 그리고 유학할 나라가 결정되면 한국에 유학 온 외국인 학생들이 활동하는 국제 학생 교류 동아리에 가입해서 외국인 친구를 사귀는 것도 좋을 거야. 학교 홈페이지에서 검색해 보면 학생 교류 동아리가 많이 있어.

가: 그렇군요. 알려 주셔서 감사합니다, 선배님.

A: You went to China last year as an exchange student, right? I'm interested in the exchange student program, too.

B: Then try visiting the international exchange center on campus. you can receive a lot of information about countries and schools you can study in.

A: I want to study abroad that will assist my major but I don't really know which country or which school that's good.

B: The employees there will give you good advices. Then after you decide which country to study in, it'd be helpful to join an international student exchange club with a lot of foreign students who have come to Korea to study and make friends there. If you search the school website, you can find lots of student exchange clubs.

A: I see. Thank you for letting me know, Senior.

II. Let's Read

Yeonju City is inviting all citizens.

The Yeonju City International Exchange event will be held this May 19 at the Citizen's Park. This event, which is held every spring, began with the objective of opening opportunities for residents of Yeonju City and foreigners to interact, and teaching children and youths the importance of international exchange.

At this year's event, which will be taking place for the 3rd time, there will be even greater diversity of experiences and activities.

With the support of embassies from several countries, including China, Vietnam, Mongolia, Russia, and Indonesia, there will be an exhibition on the traditional clothing of different countries of the world, where participants can try on these traditional clothes and take commemorative photos. Inanother corner, you can make different hand-made crafts, such as making Korean fans and next to it, there will be an event where you can also try tasting and making foods from various countries like the Philippines, Japan, Turkey, and Thailand, as well as from various regions throughout Korea.

There will especially be a large *kimchi* exhibition where you can taste and even purchase famous *kimchi* from different parts of Korea.

You'll be able to see a variety of performances if you come here. Yeonju City International Exchange Center members will showcase a Japanese and Thai dance, which they've been practicing. The Yeonju Elementary School students will perform *taekwondo*, and the middle and senior high school students from the Foreigner School have prepared a choir performance.

Starting at 1 p.m., a drawing contest will also be held under the theme of "We Are One". The contest is open to all children and youths aged 5 to 18, and there will be certificates and prizes awarded to first place to third place winners. Also, the award-winning artwork will be displayed in the lobby of the Yeonju City International Exchange Center, before being used as an advertisement for the International Exchange Center. All children and youths who draws during the drawing contest will receive a commemorative T-shirt and hat.

For those who drew at the drawing contest, you can register by 5 p.m. on May 7th. You can submit May application via e-mail or in person at the International Exchange Center.

Yeonju Ilbo Reporter Mikyeong Lee

<2> Etiquette for when you receive an invitation

Learning Objective: To listen to and understand etiquette for when you receive an invitation

Vocabulary

긴장이 되다 to be nervous	예의 etiquette
빈손 empty-handed	나란히 side by side
웃어른 elder	국화 chrysanthemum
죽음 death	연인 lovers
아랫사람 one's junior	안부 greetings
자주색 violet	

I. Let's Prepare

These days, there are a lot of people having housewarming parties since it's moving season. And as such, there are lots of people wondering what they should buy as a housewarming gift. An employee at an internet shopping mall specializing in housewarming gifts said that even now, more than half of the people who place orders buy detergent or toilet paper as gifts. However, contrary to the past, detergents and toilet paper that are made of ingredients and materials that are good for the health are being given as gifts. Also, these days, there is greater interest in good fragrances, so one out of every three people buy aromatic candles or perfumes as gifts. Some other popular gift items are practical appliances like pretty coffee machines, toasters, or cooking devices.

II. Let's Listen

1.

노라: 하늘아, 내가 한국 친구 집들이에 초대 받았는데 무슨 선물을 가지고 가면 좋을까? 우리 고향에서는 그런 파티에 초대 받으면 보통 음식을 가지고 가서 서로 나눠 먹어. 한국도 그래?

하늘: 한국에서는 보통 초대한 사람이 음식을 준비하고 손님은 선물을 가지고 가. 집들이 때 주는 특별한 선물이 있거든. 집들이 때 세제나 비누, 휴지 같은 것을 선물하면 그 집 주인이 부자가 될 거라고 생각하기 때문에 그런 선물이 인기가 있어.

노라: 아, 그런 뜻이 있구나. 그럼 나도 그런 선물을 사 가지고 가야겠다.

Nora: I'm invited to a Korean friend's housewarming party, what do you think would be a good gift to bring, Haneul? In my hometown, when we're invited to parties like that, we usually take food to share with the other guests. Is it the same in Korea?

Haneul: In Korea, the person inviting the guests usually prepares the food while guests bring gifts. There are special gifts you give at housewarming parties. Koreans believe that the homeowner will become rich if we give gifts like detergent, soap, or toilet paper so that's why these gifts are popular.

Nora: Ah, that's the meaning behind it. I'll buy gifts like that, then.

2.

존: 다음 주에 여자 친구 부모님을 찾아뵙기로 했는데 예의 없는 행동을 할까 봐 긴장이 돼. 한국에서 다른 사람 집을 방문할 때 특별히 뭘 주의해야 해?

윤아: 우선 어른을 뵈러 갈 때 빈손으로 가면 안 되는 건 알지?

존: 응, 꽃다발과 선물을 사다가 드리려고 해.

윤아: 그래, 그리고 맨발로 가지 말고 양말을 꼭 신고 가. 또 초대해 주셔서 진심으로 감사하다는 인사도 드리고.

존: 한국에서는 웃어른과 식사할 때 말을 하면 안 된다고 들었는데 맞아?

윤아: 예전에는 그랬지만, 요즘은 함께 식사하는 사람들이 같이 편안하게 할 수 있는 이야기를 나누면서 밥을 먹어. 아, 그리고 초대한 사람이 당황할 수 있으니까 약속 시간보다 너무 빨리 가면 안 돼. 들어가기 조금 전에 집 앞에서 전화하는 게 좋아.

John: I'm going to visit my girlfriend's parents, but I'm nervous that I'm going to make a mistake and do something rude. What are the manners that we have to be extra careful about when visiting someone's home in Korea?

Yuna: Well, you know that when visiting elders, you can't go empty-handed, right?

John: Yes, I'm going to buy a bouquet of flowers and a gift.

Yuna: Yes, also don't go barefoot so make sure you wear socks. And also thank them for inviting you.

John: I heard that you're not supposed to speak during meals with an elder. Is that true?

Yuna: That was the case in the past, but these days, people comfortably share conversations over meals. Oh, and don't go too early or the person inviting you may be taken aback. It's good to call in front of the house before going in.

3-5.

윤아: 내일 교수님 댁을 방문하는데, 특별히 조심해야 할 게 있을까? 교수님이 중국 분이신데.

리타오: 다른 나라도 그렇겠지만, 우리 중국에서는 다른 사람 집을 방문할 때 빈손으로 가지 않아. 보통 차나 과자 같은 것을 가지고 가. 그런데 중국에서는 서로 하지 않는 선물이 있어. 시계하고 배의 중국말 발음이 안 좋은 의미가 있는 단어와 비슷하기 때문에 시계하고 배는 잘 선물하지 않아. 그리고 흰색이나 까만색으로 포장하면 좋아하지 않고. 꽃이나 물건을 선물할 때 2,4,6,8 같이 짝이 맞는 수로 하는 걸 좋아해.

캐롤: 그렇구나. 우리 폴란드 사람들은 꽃을 좋아해서 다른 사람 집을 방문할 때 모두 꽃을 들고 가. 그런데 꽃을 선물할 때 중국하고는 반대로 1,3,5,7,9 같이 짝이 맞지 않는 수로 선물해.

유리: 러시아에서도 꽃을 선물할 때 짝이 맞지 않는 수로 해. 그리고 술 선물도 많이 하고. 그런데 말레이시아 친구한테서 들었는데 말레이시아에서는 술을 선물하면 안 된대. 돼지고기로 만든 음식도 안 되고.

레오: 프랑스에서는 집에 초대를 받았을 때 약속 시간보다 10분 정도 늦게 도착해도 괜찮아. 프랑스 요리를 준비할 때 시간이 많이 걸리거든. 우리도 보통 꽃이나 초콜릿 같은 것을 선물로 가지고 가는데, 크고 하얀 국화는 죽음을 의미하기 때문에 선물하지 않아. 한국도 그렇지? 참, 꽃을 13송이 선물하는 건 안 되니까 그건 조심해야 해.

주앙: 브라질에서는 좀 늦게 도착하는 걸 기분 나쁘게 생각하지 않아. 그리고 다른 사람에게 가족의 안부를 묻는 것은 좋은 일이라고 생각해. 그런데 우리 나라에서는 자주색이 죽음을 의미해서 자주색 물건을 선물하거나 자주색 포장지를 사용하지 않아.

윤아: 정말 나라마다 다른 사람 집을 방문할 때 주의할 것이 다르구나. 그럼 나는 내일 교수님을 찾아뵐 때 맛있는 과자하고 차를 선물로 준비해야겠다.

Yuna: We'll visit our professor's house tomorrow, is there anything we should be extra careful about? Our professor is Chinese.

Litao: I'm sure it's the same for other countries but in China, we never go empty-handed when visiting someone's house. We usually bring gifts like tea or cookies. But in China, there are gifts we never give to one another. We rarely give clocks or pears as gifts because the

pronunciation of clock and pear are similar to other Chinese words, which have negative meanings. Also, people dislike black or white colored wrapping. When giving out flowers or other products as gifts, Chinese people like gifts that come in pairs like 2,4,6 and 8.

Carol: I see. We Polish love flowers so we all bring flowers when visiting someone's house. However, when giving flowers as gifts, we like to give it out in odd numbers like 1,3,5,7 and 9, as opposed to how it is in China.

Yuri: In Russia, when we give flowers as gifts, we also give them in odd numbers. We also give alcohols as gifts a lot. But I heard from a Malaysian friend that you can't give alcohols as gifts in Malaysia, nor food made with pork.

Leo: If you're invited to someone's home in France, it's good to arrive 10 minutes late. That's because it takes a lot of time when preparing French cuisine. We also usually bring gifts like flowers or chocolate, but big, white chrysanthemums signify death so we usually don't give them as gifts. It's the same in Korea, right? By the way, you can't give 13 flowers as a gift so you must be aware of that.

Juan: In Brazil, people aren't offended when you arrive a little late. And Brazilians think it's polite to ask about one's family and how they're doing. However, in our country, violet signifies death, so we don't give gifts in that color or use violet-colored wrapping paper.

Yuna: Things to be careful of when visiting someone's home really varies from country to country. I will prepare some delicious cookies and teas as gifts when visiting professor's house tomorrow, then.

Review (Lessons 13-14)

Vocabulary

생방송 live broadcast	짠돌이 frugal
반하다 to fall in love	초특가 super special price
특식 special meal	감귤 tangerine
승마 horse-riding	

쇼 호스트: 생방송으로 함께 하겠습니다. 이른 아침에 여행 상품을 보기가 쉽지 않으실 텐데요. 저희 홈쇼핑에서 처음으로 준비했습니다. 특별한 분도 오늘 함께 모셨습니다. 이 분은 제주도를 정말 좋아하신다고 하네요. 방송인 조민구 씨와 함께 하겠습니다. 안녕하세요?

조민구: 네, 안녕하세요? 조민구입니다. 조민구가 이른 아침부터 웬일이지? 하는 분들 많으실 텐데, 조민구 하면 짠돌이 아닙니까? 정말 돈 안 쓰는 국민 짠돌이인데 저 조민구도 반할 수밖에 없는 제주도 꽉 찬 2박3일, 219,000원으로 제주도를 다녀올 수 있는 이 좋은 상품을 여러분들께 소개해 드리기 위해서 지금 이 자리에 나왔습니다.

쇼 호스트: 여러분, 짠돌이 조민구 씨도 반한 제주도 여행 일정입니다. 제주도 하면 경치 구경이 전부라고 생각하시는 분들이 많으신데 이번 여행은 그 이상이어서 조민구 씨도 어머님을 보내 드리고 싶다고 하네요.

조민구: '나는 제주도 가 봤는데'하는 분들 많으실 텐데요. 저도 제주도를 여러 번 갔다 왔습니다. 그런데 이번 여행 일정을 보면서 "제주도에 이렇게 볼 것이 많아?" 하고 놀랐고요. 219,000원 이렇게 싼 가격에 2박 3일을 다녀올 수 있는 기회는 많지 않을 거라고 생각했습니다.

쇼 호스트: 그렇죠, 일단 가격이 219,000원입니다. 도착 첫날 오전부터 여행을 하실 수 있으니까 3일 동안 여행을 다니시는 거고요, 이 비용에는 호텔 2박에 제주 흑돼지고기 특식에 항공권까지 다 들어 있고요, 입장료도 다 들어 있는 가격입니다.

조민구: 참, 오늘 방송 중에 전화로 예약하시면 3가지 서비스가 더 있지요?

쇼 호스트: 네, 맞습니다. 방송 중에 예약하시면 감귤 따기를 하실 수가 있고요, 말도 한번 타 보셔야지요. 승마도 하실 수 있습니다. 그리고 얼음 박물관이 정말 재미있는데, 여기도 가 보실 수가 있습니다.

조민구: 방송 중에 예약하는 분께만 드립니다. 지금 전화주세요! 저 조민구가 자신 있게 추천합니다!

Show host: This is a live broadcast. It's not easy to see travel goods early in the morning. Our homeshopping has prepared this segment for the first time. We've also invited a special guest today. Today's guest really loves Jeju Island. We have broadcaster Mingu Jo with us today. Hello!

Mingu Cho: Hello, my name is Mingu Cho. There might be a lot of you thinking to yourselves, "What's Mingu Cho doing on TV so early in the morning?" Doesn't Mingu Cho stand for being frugal? Even I, the national frugal Mingu Cho who really doesn't spend money, is attracted to this nice vacation package – a tight 3 days 2 nights Jeju Island package that allows you to travel Jeju Island at the price of 219,000 won, so I'm here today to introduce all of you to this nice vacation package.

Show host: Everyone, this is the Jeju Island vacation schedule that even our frugal Mingu Cho is attracted to. There may be a lot of people thinking that the only thing you can do on Jeju Island is to enjoy the scenic view. But this package has so much more to offer that Mingu Cho wants to send his mother on this trip, too.

Mingu Cho: Many of you may be thinking, "But I've already been to Jeju Island." I've been to Jeju Island many times myself. But as I looked at the vacation schedule, I said to myself, "Were there *this* many things to see in Jeju?" I thought to myself there aren't many opportunities to take a 3 days 2 nights trip at such low price at 219,000 won.

Show host: That's right. Remember that the price of the package is just 219,000 won. You can begin traveling from the morning on the first day when you arrive so you will be traveling all three days. The cost you pay includes a two-night stay at a hotel, a special black pork meal, and airfare. It also includes all entrance fees for your sightseeing.

Mingu Cho: By the way, if you call in during today's broadcast, you will receive three additional services for free, right?

Show host: Yes, that's right. When you make a reservation during the broadcast, you can experience picking tangerines, and you should try riding a horse. You can experience horse riding. Also, the ice museum is tons of fun, so you can even visit this museum, too.

Mingu Cho: We provide these free services only to those who make a reservation during the broadcast. Please call in now! I, Mingu Jo, confidently recommend this package!

· **Korea's gift culture**

There is a day in Korea when you give gifts with special meaning.
When going to a housewarming party, guests take gifts that wish great fortune for the homeowner. These are gifts like soap, detergent, or candles. And they also give toilet paper as a gift, meaning that they hope everything goes well for them.
Gifts are also given to students taking the college entrance exam, wishing them good test results. Another way to express that you're going to pass the test in Korean is to say '(시험에) 붙는다', which also means "to stick to" in Korean. That's why people give gifts that sticks well like rice cakes or taffy, meaning that they hope they will "stick well to" (pass) the exam.
On Parent's Day, people express their gratitude towards their parents by giving red carnations. The meaning of red carnations is "a mother's love."

I'm sure there are special occasions in your own country when you give gifts with special meanings. Though the date or the gift may be different, the thoughtful consideration we have in our hearts for the person we are preparing that special gift for is the same all throughout the world.

Lesson 15 Work and life

<1> What I want to do

Learning Objective: To understand content regarding what you want to do in the future

Vocabulary

존경하다 to respect
아침저녁 mornings and evenings
그만두다 to quit　　희망 hope
영상 통화 video chat
최선을 다하다 to do one's best
과정 process　　출판되다 to be published

I. Let's Prepare

윤아: 표정이 안 좋은 걸 보니 무슨 걱정이 있나 봐요.
민철: 제 꿈이 배우인데 부모님께서 별로 좋아하지 않으셔서 어떻게 해야 할지 고민이 돼서 그래요.
윤아: 그래요? 왜 부모님께서 반대를 하세요?
민철: 부모님은 유명 배우로 성공하는 것이 아주 힘들고, 만약 유명 배우가 되어도 활동 기간이 길지 않아서 나이 들어서는 생활이 어려워질 거라고 생각하세요.
윤아: 부모님의 말씀도 맞기는 한데, 무엇보다도 중요한 것은 본인의 생각이라고 봐요. 정말로 배우가 되고 싶으면 포기하지 말고 부모님께 잘 말씀 드려 보세요. 꿈을 이루기 위해 열심히 노력하는 모습을 보여 드리면 결국 부모님께서도 응원해 주실 거예요.
민철: 네, 그래야겠어요. 윤아 씨 말을 들으니까 힘이 나네요. 고마워요.

Yuna: Your expression tells me that you're worried about something.

Mincheol: My dream is to become an actor, but my parents don't like my decision very much. So I'm wondering what I should do.

Yuna: Really? Why do your parents oppose?

Mincheol: My parents think that it's too difficult to succeed as a famous actor. And even if I do become a famous actor, actors don't have a very long career, so they think I'll live a difficult life when I get older.

Yuna: They're not wrong in that, but what's most important is what you think. If you truly want to become an actor, don't give up and try persuading them. If you show them that you're working hard to achieve your dream, your parents will cheer you on in the end.

Mincheol: Yes. That's what I'll do. Your words are really strengthening, Yuna. Thanks.

II. Let's Read

My dear teacher Minsu Kim that I respect, Hello.

How have you been? I apologize for not having contacted you more frequently.
The weather is becoming colder in the mornings and evenings. How is your health? It's now the season to easily catch a cold so please be careful.
I am doing very well. When I first arrived in Korea, I couldn't speak Korean and was very lonely without my family, but Teacher, you took care of me like my family. If you hadn't helped me then, I probably would have given up studying abroad and returned home.
Right now, I'm back home, but I'm working hard not to forget my Korean. I video chat frequently with the friends I made in Korea, watch Korean dramas, and watch Korean movies often, too. These days, I write whenever I have time after work to achieve my dream, but it's not as easy as I thought it would be. Whenever things get too hard and I want to give up writing, I remember what you told me.
Teacher, do you remember what you told me during class? When I shared my concern on wanting to do something that is related to writing in the future, you told me that if I've found what I want to do, never lose hope, and just do my best. You also said the process of preparing for my future is truly beautiful. At the time, I just had the dream of wanting to be a writer; I didn't really put in the effort to become one. But after hearing your words, I decided to do my best to achieve my dream. Even after returning home, I continue to think about your words and am doing my best to work towards my dream.
When the book I'm currently writing gets published, I'd like to send you the very first copy. Please look forward to that day. I hope this letter finds you well. Wishing you all the best until I see you again.

November 23, 2020
From Ericka

<2> Part-time job interview

Learning Objective: To understand the content of various part-time job interview situations

Vocabulary

구하다 to look for
경력자 experienced individual
초보자 beginner　　경비 expense

I. Let's Prepare

Myeong-dong Restaurant
- Location: Near Myeong-dong Station
- Job description: Dishwasher
- Work hours: 10 a.m. ~ 2 p.m.
- ★10,000 won per hour

Itaewon Pizza
- Location: Itaewon
- Job description: Pizza delivery
- Work hours: 1 p.m. ~ 9 p.m.
- ★15,000 won per hour
- Someone who can drive a motorcycle

Sinchon Advertisement
- Employment location: At home, PC room, office, or anywhere where internet is available
- Job description: Advertisement
- Work hours: Flexible according to your schedule
- Application method: You can apply after registering as a member on our website

II. Let's Listen

1.

가: 어서 오세요. 어떻게 오셨어요?
나: 치킨 배달할 사람을 구한다는 구인 광고를 보고 찾아 왔는데요.
가: 이런 일을 해 본 경험은 있나요?
나: 경험은 없지만 열심히 하겠습니다.
가: 그렇군요. 우리는 경력자를 찾고 있긴 한데 당장 일할 사람이 필요해요. 오토바이 운전은 할 수 있겠죠?
나: 네, 할 수 있습니다.
가: 잘 됐네요. 언제부터 일할 수 있어요?
나: 내일부터라도 가능합니다.
가: 좋아요. 그럼, 내일부터 일하는 것으로 합시다.

A: Welcome to Sinchon Chicken. What brings you here?
B: I saw the ad looking for someone to make chicken deliveries.
A: Do you have experience in this line of work?
B: I don't have experience, but I'll work hard.
A: Although we are looking for an experienced employee, we need someone who is able to work immediately. Do you know how to drive a motorcycle?
B: Yes, I can do it.
A: That's good. When can you start?
B: I can start working tomorrow if you need.
A: Good. Then, we'll have you start tomorrow.

2.

가: 이번 방학에 특별한 계획 있어?
나: 아르바이트를 할까 해.
가: 갑자기 웬 아르바이트?
나: 방학 때면 집에서 놀곤 했는데 이번 방학에는 사회 경험도 쌓고 여행 경비도 모으려고 해.

가: 좋은 생각이네. 근데 어디로 여행을 가는데 아르바이트까지 하려고 그래?
나: 다음 방학 때 유럽으로 배낭여행을 가려고.
가: 그렇구나. 일은 힘들어도 기분은 좋겠다. 부럽다.
A: Do you have any special plans for the upcoming break?
B: I'm thinking of getting a part-time job.
A: Why suddenly a part-time job?
B: I used to stay at home and play during vacation, but I want to gain work experience and also make some money for travel expenses.
A: That's a good idea. But where are you planning to go that you're thinking of working part-time?
B: I want to go backpacking through Europe during our next vacation.
A: I see. Even if the work is hard, you must feel great. I envy you.

3-5.
가: 우리 식당을 어떻게 알고 왔어요?
나: 인터넷에서 구인 광고를 봤습니다.
가: 우리 식당은 한국인 손님보다 외국인 손님이 많은 편이라서 영어를 잘하면 좋겠는데요. 영어 실력은 좋은 편인가요?
나: 네, 제가 외국에서 오랫동안 생활해서 영어는 자신 있습니다.
가: 식당에서 일해 본 경험은 있나요? 경력이 얼마나 되세요?
나: 식당은 아니지만 집 근처 카페에서 6개월 정도 아르바이트를 한 경험이 있습니다.
가: 왜 6개월 일하고 그만두셨어요?
나: 갑자기 먼 곳으로 이사를 하게 되어서 그만두게 되었습니다. 여기 근무 시간은 어떻게 되나요?
가: 평일 근무 시간은 오후 5시부터 11시까지입니다. 손님이 있건 없건 11시까지는 꼭 근무를 해야 합니다. 할 수 있겠어요?
나: 네. 시간은 괜찮습니다. 그런데 시급은 얼마인가요?
가: 만 원입니다. 혹시 주말 근무도 가능하세요?
나: 제가 준비 중인 시험이 있어서 주말에는 근무하기 힘들 것 같습니다.
가: 네, 알겠습니다. 혹시 언제부터 근무가 가능한가요?
나: 다음 주 월요일부터 일할 수 있습니다. 월요일부터 방학이거든요.
가: 네, 알겠습니다. 내일 연락 드리겠습니다.
나: 네, 감사합니다.
A: How did you hear about our restaurant?
B: I saw the job advertised on the internet.
A: Our restaurant has more foreign customers than Korean customers, so I would prefer an English-speaker. Are you pretty good at English?
B: Yes, I lived overseas for a long time, so I'm confident in my English abilities.
A: Have you had experience working at a restaurant before? How many years of experience do you have?
B: Not at a restaurant, but I have experience working part-time for about six months at a cafe near my home.
A: Why did you quit after six months?
B: I suddenly moved to a faraway place, so I quit. What are the work hours like here?
A: It's 5 p.m. to 11 p.m. during weekdays. Whether there are customers or not, you must work until 11 p.m. Do you think you can manage?
B: Yes, the work hours are okay. But how much is the hourly pay?
A: It's 10,000 won per hour. Are you available to work on the weekends, too?
B: There's a test I'm preparing for, so it's hard for me to work on the weekends.
A: All right. When can you begin working?
B: I can start from next Monday. That's when my vacation starts.
A: Okay, I understand. I'll contact you by tomorrow.
B: Thank you.

Lesson 16 Worries and advice

<1> Problems with friends

Learning Objective: To listen to and understand content regarding problems with friends

Vocabulary

단짝 친구 best friend　우정 friendship
사고방식 way of thinking　괴롭히다 to harass
당하다 to undergo (pain)　실험 experiment
안다 to hug
사이좋다 to have a good relationship

I. Let's Prepare

Q. My school life is difficult.
I'm lonely because I have no friends. I haven't been comfortable hanging out with my friends since high school and I haven't had a lot of friends who'd come up and talk to me first. Back then, I thought that it'd get better once I go to college, but now I'm a college student, and the situation hasn't gotten any better. In the past, I used to think that there was nothing wrong with me and that the problem was with other people. But these days, my heart is heavy with the thought that the problem may be me.

A. It seems like your school life has not been easy.
But the fact that you're thinking deeply about this issue is a very good start. Don't rush yourself and just find some small steps that you can take first. What about joining a club? And perhaps regularly

attending your class meetings?

II. Let's Listen

1.

가: 국제학 수업 발표 잘 했어?
나: 뭐... 하긴 했는데 기분은 좀 그래.
가: 왜? 그동안 준비해 온 발표가 끝났으면 기분이 좋아야지.
나: 이번 발표는 여러 명이 같이 준비해서 하는 조 발표였는데 몇 명은 열심히 하지 않고 몇 명만 준비해서 힘들었거든.
가: 그랬구나. 그래도 점수는 잘 받았지?
나: 점수는 나쁘지 않았는데 조원들 모두가 같은 점수를 받아서 기분이 안 좋아.
가: 네 기분 이해된다. 그런데 너만 그런 일이 있는 게 아닌가 봐. 내 친구는 발표하기로 한 친구가 안 와서 대신 발표를 한 적도 있대.
나: 다음에는 약속도 잘 지키고 준비도 열심히 하는 친구들하고 같은 팀이 됐으면 좋겠어.

A: Did you do well on your International Studies class presentation?

B: Well... I did do the presentation but I am feeling so-so.

A: Why? You should feel good that the presentation that you've been preparing the whole time is finally over.

B: This presentation was a group presentation prepared by several people together, but I had a hard time because few people didn't work hard and only a few prepared for it.

A: I see. But still, you received a good grade, right?

B: My grades weren't bad but I don't feel great because all of our team members received the same grade.

B: I can relate to your feelings. But I guess you're not the only one having to face such situation. My friend once did a presentation on behalf of the presenter, who didn't show up on the day of the presentation.

B: Next time, I hope to be on the same team with students who keep their promises and work hard to prepare for the presentation.

2.

디제이: 여러분, 안녕하세요? 꿈꾸는 디제이 이지수입니다. 오늘은 연신동에 살고 있는 고등학생 김지원 양의 고민을 소개해 드리겠습니다.
지원: "언니, 안녕하세요, 저는 연신동에 살고 있는 김지원이라고 합니다. 제가 언니에게 편지를 쓰는 이유는 제 친구 때문인데요. 중학교 때부터 계속 같은 반이었던 친구와 저는 날마다 학원도 같이 다니면서 둘도 없는 단짝 친구가 되었답니다. 그런데 요즘 제 친구에게 남자 친구가 생겼어요. 그러고 나서부터 저와의 약속이나 일을 가볍게 생각하는 것 같아요. 그 동안의 우정은 아무것도 아닌가 봐요. 저는 친구 앞에서는 아무렇지도 않은 척하지만 사실은 너무 기분이 나쁩니다. 언니, 저는 어떻게 해야 할까요?"

DJ: Hello, everyone. This is Jisoo Lee, the dreaming DJ. Today, let me introduce the worries of a high school student Jiwon Kim from Yeonsin-dong.

Jiwon: "Hello, my name is Jiwon Kim from Yeonsin-dong. The reason why I'm writing you a letter is because of my friend. My friend and I, who have always been in the same class since middle school, went to private academies together every day and we've became best friends. But then, my friend got a boyfriend and since then, she seems to take our promises or matters very lightly. Seems like our friendship built up all along is nothing. I pretend as though nothing's wrong when I'm with her, but I actually feel really offended. What should I do?"

3-5.

앵커: 김미영 기자 잘 들었습니다. 조금 전 김 기자가 알려 준 것처럼 최근 학교에서 친구들 사이의 괴롭힘이 큰 사회 문제가 되고 있습니다. 오늘은 이 문제에 대해서 생각해 보기 위해 저희 YBC에서는 한국대학교 심리학과 김준호 교수님을 모시고 말씀 나누어 보겠습니다.
교수님: 이런 문제는 왜 생기는 겁니까?
교수: 가장 큰 이유는 괴롭히는 사람이 괴롭힘을 당하는 사람의 마음을 모르기 때문입니다. 괴롭힘을 당하는 사람이 얼마나 마음이 아픈지 모르기 때문에 계속해서 그런 행동을 하는 겁니다.
앵커: 이런 문제는 어떻게 해야 할까요?
교수: 무엇보다 자신이 직접 그 아픔을 경험해 보는 것이 중요합니다. 그리고 학생들의 관계가 좋아질 수 있게 선생님도 도움을 주어야 합니다. 한 학교에서 괴롭힘을 당한 친구와 똑같은 아픔을 다른 학생들에게 경험하게 하는 실험을 해 보았습니다. 실험 결과, 괴롭힌 학생들은 자기가 이유 없이 얼마나 친구를 괴롭혔는지, 또 그 친구가 얼마나 마음이 아팠는지 알게 되었다고 말했습니다.
앵커: 그렇군요. 그런데 아까 선생님의 도움도 중요하다고 말씀하셨는데 실험에서는 선생님이 괴롭힘을 당한 학생에게 어떤 도움을 주었습니까?
교수: 선생님은 학생들에게 괴롭힘을 당한 친구의 장점을 카드에 쓰게 했습니다.
그리고 그 카드를 전해줄 때 친구를 꼭 안아 주라고 했습니다. 그랬더니 괴롭힘을 당한 학생은 자신의 장점을 알게 되었고 다른 친구들과도 사이좋게 지낼 수 있게 되었습니다.
앵커: 다행입니다. 결국 다른 사람의 마음을 얼마나 이해하고 느낄 수 있는지가 중요한 것 같습니다. 오늘 나와 주셔서 대단히 감사합니다.

Newscaster: Thank you for your report, reporter Miyoung Kim. As reporter Kim has told us earlier, harassment between friends at school is becoming a major social issue. Today, YBC has invited Professor Juno Kim from the psychology department of Hanguk University to discuss this matter. Professor, why are these things happening?

Professor: The biggest reason is that the student who harasses others doesn't know how the person being harassed feels. Because they don't realize how much this is hurting the other student, they continue with their actions.

Newscaster: What should we do about problems like this?

Professor: Above all, it is important that you experience such pain yourself. And teachers must help the students improve their relationship. One school actually conducted an experiment where they let students experience the same pain as the students who were actually being harassed at school. And the results of the experiment were that students harassing others came to realize just how much they had bothered their fellow students without any reason at all. And they said that they realized just how hurt the other student must have felt.

Newscaster: I see. You mentioned that it's important that teachers help. In the experiment, what kind of help did teachers give students who were being tormented?

Professor: Teachers made students write down the strengths of the student being tormented. And they made the students give the other student a hug while delivering the card. Through that, the student being tormented realized his strengths and was able to get along with the other friends.

Newscaster: Thank goodness. After all, what's important is how much we understand and share the feelings of others. Thank you so much for joining us today.

<2> Giving advice

Learning Objective: To understand content regarding giving advice to others

Vocabulary

따라가다 to follow　　상담사 counselor
실망하다 to be disappointed
포기하다 to give up　　실패하다 to fail
고민 worry　　해결 resolution

I. Let's Prepare

선생님: 다음 발표자는 흐엉 씨네요. 흐엉 씨, 준비됐으면 시작하세요.
흐 엉: 네... 잠깐만요, 선생님.
선생님: 흐엉 씨 많이 긴장되나 봐요.
흐 엉: 준비를 많이 했는데 하나도 생각이 안 나요.
선생님: 괜찮아질 때까지 좀 기다려 줄게요. 많이 떨리거든 숨을 한 번 크게 쉬거나 물이라도 좀 마셔 보지 그래요?
흐 엉: 의자에 앉아서 발표해도 될까요?
선생님: 발표는 서서 해야 해요. 좀 기다려 줄게요.

Teacher: The next presenter is Huang. You can begin when you're ready, Huang.

Huang: Yes... One moment, Teacher.

Teacher: You seem very nervous, Huang.

Huang: I prepared a lot, but can't seem to remember anything.

Teacher: We'll wait until you're okay. Why don't you take a deep breath and get a drink of water if you're too nervous?

Huang: Could I give the presentation sitting down?

Teacher: You need to stand and give the presentation. We'll give you some time.

II. Let's Read

Ocean:
I have a special dream. I want to do what I love, which is to sing, and touch the hearts of people through my song. But my parents have a very different way of thinking so they can't understand my dream. They always tell me that they'd prefer me to graduate and get a job at a company, just like anyone else, instead of becoming a singer. There are times when I think to myself that I should just pretend to live similarly like others for the sake of my parents, but I just couldn't give up on my dream. But a while back, I was really hurt at an audition. I thought I was very good at singing, but I realized at the audition that there are so many people in the world who are much better than me. I eventually failed the audition. I lived my life dreaming of succeeding by singing, but now I don't have the confidence that I can succeed. I don't know what to tell my parents, either. I love singing even until now, but should I continue to follow my dream in the future? Or should I give up? I'm so worried.

Counselor:
Ocean, it seems like you were greatly disappointed by the audition. But dreams are important to everyone. Though dreams may not always lead to success, and the process isn't always easy. But do not be afraid to dream. Rather than whether you succeed or fail, what's more important is the happiness you feel during the process of working hard. If singing is what you love doing, I'd like to advise you to keep at it. I hope I've helped you with your worry.

Review (Lesson 15-16)

Vocabulary

교우관계 peer relations	혼내다 to reprimand
원인 cause	자존감 self-esteem
해결책 solution	강조 emphasis

가: 안녕하세요? 저는 청소년 교육 상담 센터 연구소에서 일하고 있는 김지수라고 합니다. 그동안 저희 교육 상담 센터에 여러 부모님들이 가장 많이 질문해 주신 '자녀들의 친구 관계'라는 주제로 강의를 시작하겠습니다.
저는 자녀들의 학교생활에서 가장 중요한 것이 친구들과의 관계라고 생각합니다. 여러분 모두 '싸우면서 큰다.'는 말을 한번쯤은 들어보신 적이 있으시지요? 싸움은 서로 다른 생각에서 시작되는 것이고, 좋은 친구관계를 위해서는 다양하게 생각할 수 있는 능력이 있어야 싸우는 일도 줄어들게 됩니다. 상대방의 마음을 이해하는 것이 중요하다는 의미입니다.
학생들을 보면 항상 밝게 생각하는 학생을 볼 수 있는데 이런 학생들의 특징은 인간관계가 좋다는 점입니다. 이런 성격은 부모와의 관계에서 만들어지는데, 사랑받으며 자란 아이는 자존감이 높아서 모든 상황을 좋게 받아들이고 남에게도 부드럽게 행동할 수 있습니다. 그렇지만 부모가 자신의 생각과 다를 때 아이를 혼내고 부모의 생각을 가르치려고 하는 경우를 볼 수 있는데요. 이런 행동은 아이의 자존감을 떨어뜨리는 원인이 됩니다.
또 아이를 혼내는 상황에서 대화를 할 때는 '너'로 시작하기보다는 '나'로 이야기를 시작해야 하고 해결책을 알려주는 것이 좋습니다. 예를 들어 '너는 이런 것이 나쁘다'고 말하기보다는 '나는 네가 이럴 때 마음이 아팠어.'라고 말하는 것입니다. 자녀들에게 항상 좋게 생각하고 다른 사람을 칭찬하라고 가르치세요. 아이가 자신의 생각을 '좋아', '멋져', '훌륭해' 같은 말로 표현할 수 있게 도와주면 더 좋습니다. 칭찬은 하는 사람과 받는 사람 모두에게 좋은 에너지를 주는 일이기 때문에 친구 관계를 좋게 할 수 있습니다.
만일 내 아이에게 잘못이 있을 때는 어떻게 하라고 해야 할까요? 잘못을 하거나 실수를 했을 때는 사과하는 법을 알려주어야 합니다. 상황을 피하기 위한 사과가 아니라 마음을 잘 전할 수 있는 사과를 하는 것을 가르쳐 주어야 합니다. 그리고 스트레스를 잘 관리하는 것도 필요합니다. 스트레스를 잘 풀어서 화가 난 감정에 빠지지 않게 해 주세요. 그렇게 했을 때 자녀들의 친구 관계가 좋아질 수 있습니다.

A: Hello, my name is Jisu Kim and I work at the Youth Education Counseling Center Research Institute. I'll begin the lecture on the topic of "my child's peer relations" which is the most frequently asked question by parents at our counseling center.
I think the most important thing in our children's school life is their relationship with friends. I'm sure you've heard at least once in your life that we grow as we fight. Fights arise from different ways of thinking and in order to have good peer relations, we need to have the ability to think differently so that there are fewer fights. In other words, it is important that we can understand how the other person feels.
Among students, there are those who always live their lives with a bright demeanor. And these students tend to have good interpersonal relationships. This kind of personality is formed through their relationship with their parents. Students who have received love while growing up have high self-esteem and positively accept all situations. They also know how to act towards others. But there are cases where we see parents getting mad at their children whenever there is a difference in opinion. These parents try to teach and impress their thoughts upon their children. This is the cause of low self-esteem in children.
And in situations where you have to reprimand your children, try starting the conversation with "I" instead of "you" and then share the solution. For example, instead of saying, "This is what's bad about you," you should say "I was heartbroken when you're like this." Teach your children to have positive thoughts and to compliment others. It'd be even better if you could help them with expressions like "good," "amazing," and "great." Compliments can improve peer relations since it exerts a positive influence on both the one giving and receiving the compliment.
Then what advice can we give when our children have done something wrong? We must teach them to apologize first when they've done something wrong or made a mistake. We must teach them how to apologize to share our hearts with others, not to avoid the situation. And stress management is also needed. Help them to relieve their stress so that they won't fall into their anger. When this happens, our children can have better peer relations.

Introducing the international student counseling center

There are about 75,000 foreign international students who are currently residing in Korea and there are probably many discomforts they experience as foreigners trying to study in a foreign country. A counseling center just for foreign students has opened to help these students with their concerns and to also provide various information. The international student counseling center provides consultations for foreign students in various languages regarding Korea's study abroad program, scholarships, entrance exams, and other information for a successful study abroad experience. In addition to creating and distributing the Life in Korea guidebooks for foreign international students, we are also expanding opportunities for exceptional students to apply for employment at Korean companies. We hope that international students will be able to comfortably adjust to life in Korea through using the international student counseling center.

Lesson 17 Request and refusal

<1> Making a request

Learning Objective: To understand how to make a request in various situations

Vocabulary

묵다 to stay　　초상화 portrait
일반 general

I. Let's Prepare

When making a request, you should consider the following. First, you must think about the situation that the person receiving the request is in. If the person receiving the request is too busy, no matter how small your request may be, there is a high likelihood that the request will be refused. Second, you must explain why you are making the request. Instead of just saying, "Please buy me a cup of coffee" it's better to make the request by saying, "I'm very busy right now. Could you perhaps buy me a cup of coffee?"

II. Let's Listen

1.

유키: 리타오, 부탁이 있는데.
리타오: 무슨 부탁인데?
유키: 내일 부모님이 한국에 오셔서 학교에 못 오는데 내일 수업 시간에 뭘 배웠는지 나한테 알려줄 수 있어?
리타오: 물론이지. 그리고 수업 내용을 정리한 공책도 보여 줄게.
유키: 정말 고마워. 내일 부모님을 모시고 여기저기 관광할 건데 기념품도 사올게.
리타오: 에이, 안 그래도 돼. 부모님하고 즐거운 하루 보내.

Yuki: Letao, I have a request.

Letao: What is it?

Yuki: My parents are coming to Korea tomorrow, so I don't think I'll make it to school. Could you tell me what we cover in class tomorrow?

Letao: Of course. And I'll also share my lecture notes with you, too.

Yuki: Thank you so much. I'm going to go sightseeing with my parents tomorrow. I'll make sure to pick up a souvenir for you, too.

Letao: There's no need for that. Just enjoy your time with your parents.

2.

주앙: 흐엉 씨, 표정이 안 좋아 보여요. 무슨 걱정 있어요?
흐엉: 고향 친구가 다음 주에 한국에 오는데 한국말도 못하고 해서 우리 집에서 묵고 싶어 해요.
주앙: 그래요? 그런데 뭐가 문제인데요?
흐엉: 저는 지금 룸메이트하고 같이 사는데 서로 친구를 데려오지 않기로 약속했거든요.
주앙: 그럼 고향 친구에게 빨리 안 된다고 해야겠네요.
흐엉: 그렇게 말하면 그 친구가 정말 실망할 거예요. 친한 친구여서 더 안 된다고 말하기가 어려워요.
주앙: 아니에요. 친한 친구니까 이해해 줄 거예요. 그래야 친구도 빨리 묵을 곳을 찾을 거예요.
흐엉: 그래야겠어요. 조언 고마워요.

Juang: Huang, you don't look well. Are you worried about something?

Huang: A friend from my hometown is visiting Korea next week but she doesn't speak Korean so she wants to stay at my house.

Juang: Really? What's the problem then?

Huang: I'm currently living with a roommate and we promised each other that we wouldn't bring any friends over.

Juang: Then you'll have to turn down your friend's request as soon as possible.

Huang: If I tell her that, she'll be very disappointed. She's my close friend so it's even harder to turn her down.

Juang: No. She's your close friend so she will understand you. In that way, your friend can also quickly find another place to stay.

Huang: She can't even speak Korean, so she wants to stay with me. But I guess I can't accept her request.

Juang: At times like this, you need to let her know quickly so that she can find a place to stay.

Huang: I guess I should do so. Thank you for your advice.

3-5.

디제이: 오늘은 '어려운 부탁'을 주제로 여러분의 이야기를 모아 봤는데요, 지수 씨. 어떤 이야기를 읽어 볼까요?
지수: 저는 이 이야기가 마음에 들어요. 신촌에 사는 김준수 학생이 보낸 이야기인데요, 제가 읽어보겠습니다. "안녕하세요. 저는 컴퓨터 공학을 전공하는 대학생인데요, 사람들이 컴퓨터가 고장이 나면 저한테 전화를 해요. 저는 컴퓨터 고치는 사람이 아니라고 하면서 부탁을 몇 번 거절했지만 부탁을 거절하면 기분도 좋지 않고, 친한 사람이 부탁하는데 거절하기도 너무 힘들어요. 부탁을 잘 거절하는 방법을 알려주세요."
디제이: 지수 씨는 전공 때문에 어떤 부탁을 받아본 적이 있어요?
지수: 네, 저는 미술을 전공했는데요. 한 친구가 갑자기 저한테 어떤 사람 사진을 주면서 제가 미술 전공이니까 초상화를 그려 달라고 했어요.

디제이: 그래서 어떻게 하셨어요?
지수: 저는 디자인 전공이라서 사람 얼굴은 못 그린다고 했어요.
디제이: 그러셨군요. 전공 때문에 받는 어려운 부탁은 정말 많지요. 저는 사진을 전공했는데 카메라를 빌려 달라는 부탁을 많이 받아요.
지수: 그럴 때는 어떻게 하세요?
디제이: 전문가용 카메라여서 일반 사람들이 사용하기는 어렵다고 해요.
지수: 그렇군요. 거절하는 건 늘 어려운 것 같아요.
디제이: 그렇지만 거절하지 않으면 부탁 받은 사람이 힘드니까요. 지수 씨, 김준수 학생이 부탁을 거절하는 방법을 알려달라고 했는데, 뭐라고 말씀해 주실 건가요?
지수: 저는 이렇게 말해 주고 싶어요. 부탁을 거절할 거면 빨리 하는 게 서로에게 좋다... 이렇게요.

DJ: Today, we gathered your stories on "Difficult requests." Jisu, which stories shall we read?

Jisu: I like this one from Junsu Kim from Sinchon. Let me read it. "Hello. I'm a college student majoring in computer engineering, and people call me whenever their computer breaks down. I've told them many times that I'm not a computer repairman and refused their request, but even then, I don't feel too great turning people down, and it's so hard to turn down a request from a close friend. Please let me know the best way to refuse a request."

DJ: What kind of requests have you received because of your major, Jisu?

Jisu: I majored in art. One friend suddenly gave me a picture of a girl and asked me to draw a portrait of her since I majored in art.

DJ: So what did you do?

Jisu: I told him that I'm a design major, so I can't draw people's faces.

DJ: I see. There are a lot of difficult requests we receive because of our major. I majored in photography, and I received a lot of requests to borrow my camera.

Jisu: What do you do at those times?

DJ: I tell them that since it's a professional camera, it's hard for general use.

Jisu: I see. I think it's always hard to refuse a request.

DJ: That's true, but if we don't refuse, it's harder for us who are receiving the request. Jisu, Junsu Kim asked about the best way to refuse a request. What do you want to tell him?

Jisu: I'd like to tell him this. If you're going to refuse a request, do it quickly as it'll be beneficial to each other...like this.

<2> Refusing a difficult request

Learning Objective: To understand how to refuse a request

Vocabulary

번역 translation　　거절하다 to refuse
거절을 당하다 to be refused
제안 proposal
섭섭하다 to be disappointed

I. Let's Prepare

윤아: 하늘아, 부탁이 있는데 들어줄 수 있어?
하늘: 뭔데? 내가 들어줄 수 있는 부탁이면 들어줄게. 이야기해 봐.
윤아: 내가 다음 주 주말에 제주도로 여행을 가는데 그 동안 우리 집 강아지 좀 돌봐줄 수 있어? 처음에 부탁했던 친구가 있었는데 갑자기 일이 생겨서 못할 것 같대.
하늘: 좀 빨리 말하지. 내가 주말 동안 친구 대신 커피숍 아르바이트를 해 주기로 이미 약속해서 네 부탁을 들어주기 어려울 것 같아. 선약이 없으면 내가 해줄 수 있을 텐데. 미안해.

Yuna: Haneul, I have a request to make. Will you say yes?

Haneul: What is it? If it's something I can do, sure. What is it?

Yuna: I'm going to Jeju Island next weekend. Could you take care of my puppy while I'm gone? Another friend was going to help me out, but she's suddenly not available.

Haneul: You should have asked me sooner. I already promised my friend that I'd fill in for him at his part-time job at a coffee shop. I don't think I'll be able to help you out. If I didn't have that other appointment, I'd be able to give you a hand. Sorry about that.

II. Let's Read

- Book review -
For those who find it difficult to turn down a request

After reading "Those who refuse"
Written by Seunghyeon Yu

"Those who refuse" is a book that advises people who aren't good at turning down a request. This book is a must-read for people who have a hard time because they can't turn down a sudden request to borrow money or translate something. This is what the author recommends in the book. Don't try to be a good person to everyone. In other words, don't think to yourself, "If I refuse their request, that person will think of me as a

bad person." If you can't turn down a request and promise something, but it's a promise you can't keep, the results will be all the worse. It is better to experience momentary discomfort than experiencing a difficult time for a long period of time. There's no need to worry that the person being turned down will be hurt by you. Even when a request is refused, people aren't as hurt or offended as you would think. And unlike your expectations, your relationship with that other person will not be ruined because you turn them down.
Then, what's the best way to refuse a request? First, you should give a reason for your refusal. For example, instead of saying, "It's hard for me to grant your request," it's better to say, "I'm very busy with preparing for my presentation this week, so I don't think I'll be able to grant your request" or say, "I'm busy today, but I have time tomorrow" to refuse. And it's also better for you to mention what you'll do next time. For example, "I don't have time today, but I have time tomorrow." If it's something to do with work, you should mention a condition. "I want to help you out, but in order to do so, these are the things I'll need." Lastly, you should always say sorry and thank you. "Thanks for proposing this to me, but I don't think I'll be able to help out this time." Ifyou think this advice is helpful, you should definitely read the book. I recommend this book to everyone who is having a hard time because they can't easily turn down a request.

Lesson 18 Meeting

<1> Social meeting

Learning Objective: To understand content regarding meeting activities with close friends

Vocabulary

찬성하다 **to be in favor of**
맛집 **highly recommended restaurant**
끝없이 **endlessly** 소중하다 **to be precious**

I. Let's Prepare

노라: 리타오 씨, 제임스 씨가 다음 주 토요일에 고향에 돌아간다고 해서 송별회를 하기로 했잖아요. 올 수 있지요?
리타오: 아, 맞다. 저도 들었는데 잊어버리고 있었어요. 노라 씨 아니었으면 못 갈 뻔했어요.
노라: 다음 주 수요일이니까 기억하세요. 저는 그 날 선약이 있었는데 모임에 가려고 취소했어요. 참, 이따가 송별회에 올 친구들하고 제임스 씨에게 무슨 선물을 하면 좋을지 단체 SNS 방에서 이야기하려고 해요. 리타오 씨도 좋은 생각이 있으면 이야기해 주세요.
리타오: 네, 알려줘서 고마워요. 오랜만에 예전에 같이 공부했던 친구들이 다 모이겠네요.

Nora: Letao, we're having a farewell party since James is going back to his hometown next Saturday. You can make it, right?
Letao: Oh, right. I heard about it, but I forgot. I would have missed it if it weren't for you, Nora.
Nora: It's next Wednesday so please remember. I have a prior appointment on that day, but I cancelled to go to the farewell party. By the way, we're planning to discuss what gifts we should give James later with all friends who will be coming to the farewell party through the SNS group chat. Tell us if you have any good ideas to share, too, Letao.
Letao: Okay, thanks for letting me know. It's been a while since I last met the friends we used to study with.

II. Let's Read

Last week, I met up with my old high school friends. The four of us were close since high school and we always played and studied together. We thought we would keep our friendship forever, but after our high school graduation, we got busy with our own studies and got more work to do so we weren't able to meet up very often. Then, after we graduated college and started working, it became even harder to stay in contact and meet up.
One day when I turned 26, a friend's wedding has brought the four of us in one place by chance and we were so happy talking to one another that we didn't even realize how much time had passed. We grew wistful that we hadn't kept in contact and hadn't met up often in the meantime. So we decided to meet up more frequently.
One friend came up with a good idea. The idea is to gather our funds and meet up once every season to eat good food, go on vacations and find happiness within our lives. All of us were in favor of the idea so we began to meet up once every three months. The first year, we would take turns meeting near each of our homes. The person living in that neighborhood would find a highly recommended restaurant to eat at. After meeting up like that, we decided to come up with a cool name for our get-together. Various ideas came up, but we liked the name "*Saem* meeting" the most among others. All of us are teachers, teaching students varying from elementary to college students, so we are often called as *"saem"*, a short term for teacher and also because we promised to sustain our friendship like the endless flow of water "*saem* (spring)", we all decided on that name.
Ithas now been 10 years since we first began that

meeting. We go to watch performance together and go on short trips, too. We recount all the sad and happy memories we have together, and if we have worries, we share them with each other and help each other find a solution. Our get-together has become such a precious meeting.
Inthe past, we used to talk about our boyfriends or about marriage, but these days, we usually talk about what happened at work, our health, and our family. I'm so curious what we'll be talking about in 10 or 20 years' time. I hope we'll be able to stay happy and healthy and meet frequently even after we grow old into our sixties.

<2> Study meeting

Learning Objective: To understand content regarding various study meeting activities

Vocabulary

전환 transition	찬성 approval
가입비 enrollment fee	특이하다 to be unique
일반적이다 to be common	아이디 ID
교재 materials	관리 management

I. Let's Prepare

Economy Meeting
Have you decided what you want to do in the future? Our meeting is a gathering of people who feel the need to study economy, so we meet once a week to learn about the economy.

- What we do
  - Read and discuss economic articles and books
  - Accumulate knowledge to give a good response to economy-related questions on interviews
- Cost - 10,000 won per person
- Light refreshments are provided at the meeting location.
- You may be asked to leave the group if you foster a negative atmosphere or if you regularly miss meetings.
- Location - The Study Café on the 5th floor of the Seoul Bank building, Sinchon Station Exit 2

II. Let's Listen

1.

가: 나는 요즘 공부하다가 혼자 식사를 할 때가 많은데, 규칙적으로 식사를 못 해서 그런지 건강이 나빠지는 것 같아.

나: 그럼 우리 스터디 모임에 들어올래? 학생 식당에서 같이 점심을 먹으면서 시험에 필요한 정보를 나누는 모임이야.

가: 아, 요즘 그런 모임이 있다는 이야기는 들어 봤는데, 해보니까 어때?

나: 거기에서 서로 이야기를 하다가 보면 혼자서는 이런 정보를 얻지 못했을 거라는 생각을 많이 해. 점심시간에 사람들을 만나면 기분도 좀 좋아지고 해서 나는 좋아.

가: 어떻게 하면 모임에 들어갈 수 있어?

나: 내가 이따가 회장에게 물어볼게. 이 시험을 준비하는 사람이면서 우리 학교 학생이면 다 들어올 수 있으니까 아마 너도 들어올 수 있을 거야.

A: These days, I usually eat by myself while studying. Maybe it's because my meal times are so irregular, but I can feel it taking a toll on my health.

B: Then do you want to join our study meeting? We eat lunch at the student cafeteria while sharing exam information.

A: Ah, I've heard that there were meetings like that these days. How is it?

B: There are many times I think to myself that I wouldn't have been able to gain the information I do at the meeting if I were studying alone. It also lightens up my mood when meeting people at lunchtime, so I like it.

A: How can I join the meeting?

B: I'll ask the study meeting president later. I think it's open to any of our school students who are preparing for this exam, so I'm sure you'll be able to join, too.

2.

가: 그럼 다음 주 목요일부터 면접 준비 모임을 시작하기로 하고요, 지금 주신 연락처로 제가 단체 SNS방을 만들어서 연락할게요. 모임은 몇 시에 하면 될까요?

나: 오후에 수업이 있는 사람도 있으니까 오전에 하는 게 어때요?

가: 다른 분들 생각은 어떠세요?

나: 좋아요, 그리고 다른 모임에서 하는 것처럼 늦게 오거나 모임에 오지 않으면 벌금을 내게 하면 어떨까요?

가: 저도 그렇게 하는 게 좋을 거 같아요.

나: 늦게 오면 천 원을 내고, 오지 않으면 오천 원이 어떨까요?

가: 저도 찬성이에요. 그리고 갑자기 말도 하지 않고 그만둘 수도 있으니까 모임 가입비도 받는 게 좋을 것 같아요.

A: Then, we'll begin the interview preparation meeting from next Thursday. I'll open a group chatroom with the contact information that you've provided. What time should we have the meeting?

B: There are people with afternoon classes, so how about the morning?

A: What does everyone think?

B: That sounds good. And why don't we have people who come late or miss the meeting pay a fine, like at other meetings?

A: I think that's a good idea.

B: How about a 1,000 won fine for coming late and a 5,000 won fine for not coming to the meeting?

A: I'm in favor of that idea. And let's collect a meeting enrollment fee, too, since people can just quit coming out without prior notice.

3-5.

앵커: 요즘 대학생들 사이에 특이한 스터디 모임이 많이 생겼다고 하던데요, 김명수 기자, 스터디 모임을 하고 있는 대학생들을 만나고 오셨지요?

기자: 네, 요즘 대학에서 스터디 모임은 필수라고 할 정도로 거의 모든 학생들이 하고 있는데요, 예전부터 공무원 시험이나 변호사 시험 등을 준비하는 스터디 모임은 있었지만, 요즘은 의학 전문 대학원 준비 모임, 회사 면접 준비 모임 같은 모임도 있다고 합니다. 또 아침 8시에 도서관 앞에 모여서 도서관에 오는지를 서로 확인하는 모임은 출석 체크를 줄여서 '출첵 모임'이라고 하는데요, 출석을 확인한 다음에는 바로 헤어지고, 5분 이상 늦으면 벌금을 내야 합니다. 점심을 같이 먹으면서 자료나 시험 정보를 교환하는 모임은 밥과 스터디를 같이 써서 '밥터디'라고 하는데, 거의 모든 학생들이 하고 있을 정도로 일반적인 모임이라고 합니다. 이외에 '건강 스터디'라는 모임은 건강과 관계된 지식을 쌓는 모임이 아니고 같이 모여 운동을 하는 모임이고요, '동영상 강의 아이디를 같이 쓰는 모임', '시험 교재를 같이 사용하는 모임'처럼 돈을 아끼려는 모임도 있습니다.

앵커: 학생들이 이렇게 여러 스터디를 하는 이유는 무엇일까요?

기자: 제가 만난 학생들은 시간 관리를 할 수 있으면서 게을러지지 않고 자신이 하고 싶은 공부를 할 수 있기 때문이라고 대답했습니다. 시간 관리와 공부라는 두 마리 토끼를 잡을 수 있다는 것이지요.

Newscaster: I've heard that there are many interesting study meetings among college students these days. Reporter Minsu Kim, you met with college students who are taking part in these study meetings, right?

Reporter : Yes, almost every student participate at college study meetings these days, to an extent where we can nearly call them compulsory. There were study meetings for civil servant exams and bar exams in the past as well, but these days, there are meetings for medical school preparations and job interviews, too.

And there are also meetings where students meet at 8 a.m. in front of the library to see if they make it to the library. Those meetings are called "출첵*(chulchek)*" meetings, which is short for "confirming attendance." After confirming their attendance, they each go their own ways. And if they're over 5 minutes late, they pay a fine. There are also "밥터디(meal studies)" where students get together during meal times to share materials and exam information. It has now become so common that almost every student is taking part in these meetings.

In addition, the "health studies" meeting is not a meeting where students build up their knowledge relating health, but a meeting where they gather and exercise together. There are also a lot of meetings where students can save money such as "meeting to share internet lecture IDs" and "meetings to share exam materials."

Newscaster: What is the reason why students are involved in so many different types of studies?

Reporter: The students I met said that it's because it's a good way to manage their time without being too lazy and that they were able to study what they want to study. In other words, they can achieve two goals: time management and studies.

Review (Lessons 17-18)

Vocabulary

유료 paid service　　이용료 usage fee

취업 getting a job

준비생 person preparing for employment or exams

중장년층 young adults and adults

Increase in study rooms for meetings

The number of "study rooms" that you can pay to use throughout Seoul is increasing. Study rooms are meeting spaces that can be used on an hourly basis after paying a usage fee for exam preparations and other purposes. In the last five years, more than 10 study rooms have opened in Sinchon. There are even some students preparing for employment who visit these study rooms more than three times a day for different meetings. There are also many people who prepare for exams after work at these study rooms.

You can eat snacks at the study rooms that are so quiet to an extent where you'll have to go outside to make phone calls. You can access the Internet freely and both individual studies and group studies are possible here. The popularity of study rooms is on the rise because it combines the strengths of libraries and cafes.

The types and price range of study rooms are also becoming more diverse. There are even places where you can receive dating consultations and tutoring services. The people who use this service are becoming more diverse, too. Students use these facilities, as well as housewives, young adults and adults who wish to use the rooms for hobbies and also to bring their children.

However, there are some who don't view the growing popularity of study rooms in such a

positive light. Jo (27, female) who is preparing for employment says, "The reason why we pay to use the study room is because it is better to share information with one another and study with other people but there are no facilities for us to study for free together." Woo (23), a third-year college student also said that using these paid-for study rooms is an "unavoidable choice". Woo says, "We have no choice but to use these paid-for study rooms because the school library seminar rooms are all fully booked.", "It costs a lot if we use these facilities frequently so it would be more preferable to have free facilities that we can use." Professor Miju Woo said, "There are fewer places for these gatherings in Korean society. Instead, we have to pay to use these facilities. This is akin to replacing space with money."
Study rooms have formed because of society's need. Given the lack of facilities for educational and meeting purposes, if we don't have more public spaces that people can use, the popularity of study rooms will continue to rise. Still, there is a need for the creation of more meeting spaces that people can use without having to pay money to use it.

Reporter Mikyeong Lee

Korea's meeting culture

There are many meetings in Korea. There are welcoming parties to welcome people you've met for the first time; farewell parties for people who are going to study overseas or who have quit their job; reunion meetings for students who were in the same class; as well as alumni meetings for students who attended the same school. There are also club meetings for college students and co-workers in the workplace who share the same hobbies. In addition, there are study meetings for people who are studying with the same goal.
Why don't you try attending a meeting that interests you in Korea? You can have fun while making new friends.

Lesson 19 Play culture

<1> Traditional folk games

Learning Objective: To understand Korean traditional folk games

Vocabulary

판 (game) board　　즐기다 to enjoy
제기차기 Jegichagi (Korean traditional game where a Jegi is kicked with the foot and kept off the ground for as long as possible)
딱지치기 ttakjichigi (children's game that uses paper folded into squares)
구슬치기 marble game　　나뭇가지 branch
소꿉놀이 playing house　　공기놀이 Korean jacks
밥을 짓다 to make rice　　그림자 놀이 shadow play
실뜨기 cat's cradle　　탈춤 masked dance
강강술래 ganggangsulae

I. Let's Prepare

가: 여러분, 안녕하세요. 딩동댕 놀이교실 세 번째 순서입니다. 오늘은 윷놀이 방법을 알려 드리려고 해요. 여기를 보세요. 이 네 개의 작은 나무를 윷이라고 하고 이 판을 '말판'이라고 해요. 출발점에서 시작해서 상대편보다 먼저 돌아서 나오면 이기는 놀이예요. 네 개의 윷을 던져서 앞면이 3개 나오면 이것을 '도'라고 해요. 또 앞면이 2개가 나오면 '개'라고 하고, 앞면이 1개가 나오면 '걸', 모두 뒷면이 나오면 '윷', 모두 앞면이 나오면 '모'라고 해요. 어때요? 같이 해 볼까요?

A: Hello, everyone. This is the third activity at *Dingdongdang Play Class*. Today, we'll show you the method of playing the game of *yut*. Please look here. We call four of these small wooden sticks *yut*, and this game board a *malpan*. It's a game where you begin at the starting point and come back before the opposing team in order to win. You will throw four wooden sticks and if three of them land with the front side up, we call it a *do*. And, if two of the wooden sticks land with the front side up, it's called *ge*, if only one stick lands with the front side up, it's called *gul*, if all four wooden sticks land with the back side up, it's called *yut*, if all the wood pieces land with the front side up, it's called *mo*. What do you think? Should we try playing the game together?

II. Let's Read

Traditional folk games refer to various games that have been passed down from the old times to the modern days. Since these traditional folk games contain cultures of respective provinces, you will also be able to imagine lives of the people in the past while playing.
Among these games, there are many games that can be easily played anywhere at any time. Boys mainly played games that involved kicking and throwing such as *jegichagi* (similar to hacky sack) or *ttakjichigi* (similar to pogs, but with paper), while girls enjoyed playing games where they can sit in a room, such as *sokkumnori* (playing house) or *gonggi* (jackstones). You don't need special game pieces or good materials to play, but if you could just pick up stones and branches in the yard and things like bowls from the kitchen, children will be able to spend a wonderful time, laughing all day.
Traditional folk games can be played both inside and outside homes. When the weather is good, people played games like *guseulchigi* (marble

games) or flew kites outside; On rainy days and late afternoons, people played games like shadow play or cat's cradle in their rooms. Games like shadow play, played in front of the light using your hands to make different shapes of various animals, and cat's cradle, winding strings around your fingers of both hands to make various shapes, are still enjoyed by many people nowadays.
There are also some games that our ancestors played in the past that are no longer enjoyed today. This is because our lifestyle has changed so much from the past that those games are no longer applicable. That's why the country designates games and forms of play that have deep and special meaning to continue the tradition. Games like masked dances and *ganggangsulae* are being taught by adults to their children and later on when their children become adults, in turn, they teach their own child, so that the methods of playing these games are passed on.

<2> Modern-day play culture

Learning Objective: To listen to and understand content regarding modern-day play culture in Korea

Vocabulary

웹툰 **webtoon**	동영상 **video**
주고받다 **to share**	먹방 **eating show**
참치 **tuna**	뛰어놀다 **to run and play**

I. Let's Prepare

Q: In what ways did the youth play culture change?
A: Advancements in the internet and cell phone have contributed to seismic changes in play culture. Youth use their cell phones to listen to music, play games, chat through SNS, and enjoy internet contents. Moreover, youth nowadays even have the characteristics of watching webtoons and videos on their cell phone "together" with their friends. As they view internet contents, they share their views instantly from time to time with their friends, and this has become a new play culture. Until now, many thought that reading comic books and novels and watching movies was something to be done alone, but these days, the way youth enjoy entertainment has greatly changed.

II. Let's Listen

1.

노라: 여보세요?
레오: 노라 씨, 오랜만이에요. 무슨 일 있어요?
노라: 아, 별건 아닌데요. 레오 씨가 잘 알 것 같아서 뭐 좀 물어보려고요.
레오: 뭔데요?
노라: 친구들이 고향에서 한국에 놀러 온다고 하는데 어디에 가면 좋을까 해서요.
레오: 신촌이나 홍대 근처에 가서 구경도 하고 맛있는 것도 먹지 그래요?
노라: 그런 건 물론 해야지요. 그런데 좀 더 재미있는 곳은 없을까요?
레오: 글쎄요... 그럼 고양이 카페 같은 곳에 가보면 어떨까요? 노르웨이에는 그런 카페가 없을 것 같은데요.
노라: 그거 좋은 생각이에요. 그렇지 않아도 한 번 가보고 싶었는데 이번에 친구들하고 같이 가보면 좋겠어요. 어디가 좋은지 한번 인터넷에서 찾아봐야겠어요. 고마워요.

Nora: Hello?
Leo: Nora, It's been a long time. What's up?
Nora: Oh, it's nothing big. But I figured you'd know best, so I wanted to ask you.
Leo: What is it?
Nora: My friends from back home want to visit Korea. Where should I take them?
Leo: Why don't you take them to Sinchon or Hongik University for some sightseeing and to eat good food?
Nora: Of course we will do those. Is there anywhere more fun, though?
Leo: Hmm... What about going to places like cat cafes? You don't have cafes like that in Norway, do you?
Nora: That's a great idea. I always wanted to go. I'll take my friends there this time. I'll search the internet for some good cat cafes. Thanks!

2.

조카: 인터넷 방송이나 하나 봐야겠다. 뭘 볼까.... 이거 재밌겠다. 이모 우리 이거 같이 봐요.
이모: 와, 저 사람 혼자서 저걸 다 먹는 거야?
조카: 요즘 유행하는 인터넷 먹방인데, 요즘 이 여자가 아주 인기가 많아요. 혼자 떡볶이 3인분, 치킨 한 마리, 참치 김밥을 한 번에 다 먹어요.
이모: 먹방? 많이 먹는 방송이란 뜻이야? 그런데 그런 걸 인터넷에 올려?
조카: 네, 요새 이런 방송을 젊은 사람들이 많이 봐요. 다이어트 때문에 많이 먹지 못해도 남이 먹는 모습을 보고 배가 부르다고 느낄 때도 있고, 간식을 먹고 싶을 때 이런 방송을 보고 뭘 먹을지 정할 때도 있어요.
이모: 이해를 할 수가 없네. 우리는 어렸을 때 밖에 나가서 친구들과 같이 뛰어놀았는데 요즘 아이들이 좋아하는 것은 우리와 정말 다르구나.

Nephew: I'm going to watch an internet broadcast. What should I watch... This one looks fun. Auntie, let's watch this together.
Aunt: Wow, that person's going to eat all this food by himself?
Newphew: It's a popular internet *meokbang* (eating show). This woman is really popular these days. She eats three servings

of *tteokbokki* by herself, one whole chicken, and one roll of tuna *gimbap* in one sitting.

Aunt: *Meokbang*? Does that mean it's a eating broadcast? Why would you post that on the internet?

Nephew: Yes. These days, a lot of young people watch this kind of broadcast. There are times when people can't eat a lot because of their diets, so they watch others eat and become full, also when people want to eat snacks, they watch these broadcasts to decide what to eat.

Aunt: I can't understand it. When I was young, we would go out and run around with our friends. These days, young people like really different things from what we enjoyed.

3-6.

앵커: 앞에서 요즘 젊은이들의 여러 가지 놀이에 대해 설명을 드렸는데요, 그 중 가장 인기가 있는 노래방 문화에 대해서 좀 더 알아보겠습니다. 요즘 젊은이들은 혼자 1000원짜리 한 장 들고 좁은 방 안에 들어가 노래를 부르는 것을 즐긴다고 합니다. 이런 노래방은 '동전 노래방' 또는 '코인 노래방'으로 불리는데요. 박지훈 기자가 대학교 근처로 나가 한 학생과 이야기를 나누어 보았습니다.

(잠시 후)

기 자: 동전 노래방에 자주 오시나요?

학 생: 네, 한 달에 한 번 정도 오는데요. 동전 노래방은 무엇보다 제가 시간이 있을 때 이용할 수 있어서 좋아요. 잠깐 시간이 남을 때 십 분만 불러도 되니까요. 또 다른 사람들하고 같이 오면 남들에게 보여주기 위한 노래를 불러야 할 때가 많잖아요. 그런데 여기에는 혼자 오는 사람들도 많아서 혼자 슬픈 노래를 불러도 되고 노래를 아무리 못해도 부끄러운 생각이 들지 않아서 좋아요.

앵 커: (잠시 후) 네, 잘 봤습니다. 그런데 이런 노래방은 언제부터 생긴 겁니까?

기 자: 1990년쯤 부산에서 한 곡에 500원을 넣고 혼자서 노래를 부르는 노래방이 처음 생겼습니다. 그러다가 나중에 1시간에 얼마씩 돈을 내고 여러 명이 함께 가는 노래방이 생기게 되었습니다.

앵 커: 동전 노래방이 그렇게 오래 전에 생긴 줄은 몰랐습니다. 그럼 지금은 전국적으로 노래방이 얼마나 많은 겁니까?

기 자: 부산에서 시작해서 대구에도 동전 노래방이 생긴 이후 지금은 일반 노래방까지 포함하면 전국적으로 3만 5천 개 이상이 있습니다.

앵 커: 그렇군요. 노래방은 우리 생활에서 빼 놓을 수 없는 놀이 문화 중의 하나인 것 같습니다. 박 기자 잘 들었습니다. 감사합니다.

Newscaster: I've explained to you previously on various youth play cultures. Now we'll find out more about the karaoke culture that is the most popular among others. These days, it is said that young people enjoy taking a 1000 won note into a small room to sing by themselves. We call these places "coin karaokes." Reporter JiHoon Park went to talk to a student near the college.

(A while later)

Reporter: Do you come often to the coin karaoke?

Student: Yes, I come once a month. It's great because I can come whenever I have time. If I have some time left, I can just stop by and sing for ten minutes and come out. And if I come with other people, most of the time I'll have to sing songs that can impress others. But here, a lot of people come here alone so I can come by myself and sing a sad song and no matter how badly I sing, I don't have to be embarrassed. So it's nice.

Newscaster: (A while later) Right, thank you for your report. When did these karaokes begin to open?

Reporter: Around 1990, a karaoke was opened for the first time in Busan where you could put in 500 won and sing by yourself. Then, this developed so that groups of people could come to sing for an hour for a set price.

Newscaster: I didn't realize that coin karaokes had been around for such a long time. Then, how many of them are there throughout Korea?

Reporter: After it opened in Busan, it moved on to Daegu. And now, including all regular karaokes, there are over 35,000 in Korea.

Newscaster: I see. Karaokes are a part of our entertainment culture that we can't leave out. Thank you, Reporter Park for your report.

Lesson 20 Daily life information

<1> College life app

Learning Objective: To understand content introducing an application for college life information

Vocabulary

다운로드를 받다 to download

스캔 scan	한눈 in one glance
문서 document	파일 file
기능 function	

I. Let's Prepare

가: 오늘 학생증을 집에 놓고 나와 버렸는데 발표 조 모임

을 도서관에서 한대. 어떡하지? 학생증이 없으면 도서관에 못 들어갈 텐데.

나: 모바일 학생증 있잖아. 그걸로 도서관에 들어가면 돼.

가: 모바일 학생증? 처음 들었어. 그건 어디에서 다운로드 받을 수 있어?

나: 학교 앱에 들어가면 모바일 학생증을 다운로드를 받을 수 있어. 아, 그런데 가끔 모바일 학생증을 다운로드 받는 데에 시간이 걸릴 때가 있는 모양이야. 도서관에 가기 전에 미리 다운로드 받아 놔.

가: 아, 그럼 지금 바로 다운로드 받아야겠다. 알려줘서 고마워.

A: I left my student ID at home today, but we are having a meeting in the library with our presentation team. What should I do? If I don't have my ID, I can't even go into the library.

B: You have your mobile student ID. You can go into the library with that.

A: Mobile student ID? I've never heard of it. Where can I download it?

B: If you go into the school app, you can download your mobile student ID. Ah, but seems like sometimes it takes a long time to download the mobile student ID. Download it before you go to the library.

A: Ah, I should download it now immediately, then. Thank you for letting me know.

II. Let's Read

Hello, incoming freshmen. It's already April, so I hope you've grown accustomed to college life. Today, I'd like to introduce some apps that are good for all you freshmen to know.
First, let me introduce you with the "Always Together" app. Using this app, you can easily make your own class schedule. Also, you can see the lectures that are highly recommended and not recommended by your seniors.
Next, there's the "Scanner 123." It's an app that takes documents that you take pictures of and makes it into a scanned version. Even if you don't take the picture well, the document comes out very clear, so this is an app that you absolutely need for classes that require a lot of scanning.
There is also an app called "Knowing your Campus." This app shows you in one glance about information on club activities and other diverse activities held within the school. I also recommend the app "Today's Menu" for students who are hungry. You can check today's student cafeteria menu here every day without having to ask anybody.
I'd like to introduce the "Everything about Money Management" app to students who want to know how much money they've spent for the month. After becoming a college student, we end up spending a lot of money. But I'm sure there are many of you who don't know where your money is being spent, right? You can use this app to check every day.
Also, if you use the "Office365" app, you can open various documents on your cell phone, so it's convenient. It's heavy to carry around your laptop and it's difficult to use in the subway or bus, so I'm sure you've experienced having a hard time trying to make or fix your presentation material. By using this app, you'll be able to open all types of computer files on your cell phone, verify them and revise documents.
Do you have a hard time understanding classes in English, Chinese, and other languages? Try the "Translate Go" app. It translates foreign languages into Korean and vice versa.
Freshmen, are there any apps that are to your liking among the ones I've just listed? I hope you can conveniently use these app functions to enjoy your college life.

<2> Information for study abroad

Learning Objective: To understand content regarding information that is helpful while studying abroad

Vocabulary

과제 **project**
야간 **night**
메모지 **memo**
생활비 **living expenses**
외국인 등록증 **foreigner registration card**
목적지 **destination**
야경 **night view**
입장권 **entry ticket**
품질 **quality**
아끼다 **to save**

I. Let's Prepare

- School tuition and living expenses in Korea are much cheaper than other countries, and there are many scholarship opportunities for foreign international students.
- Korea grants scholarships to about 2,000 international students a year. Also, there are many scholarships that are awarded by colleges and corporations.
- There are also online Korean language courses for students who will be studying abroad in Korea.

II. Let's Listen

1.

가: 어디에 가면 한국의 옛날 모습을 볼 수 있을까? 학교 과제로 조사를 해야 해. 왕이나 왕의 가족들의 생활 모습 말고 평범한 사람들의 생활 모습을 보고 싶어.

나: 민속촌이라고 알아? 한국의 옛날 마을을 지금 사람들도 볼 수 있게 만든 곳이야.

가: 그래? 처음 들어 봐. 가 본 적이 있어?

나: 응, 민속촌에는 옛날 사람들의 집과 생활 시설들이 많이 있어서 옛날에 한국 사람들이 어떻게 그곳에서 생활했는지 보고 느낄 수 있었어.
가: 그렇구나. 그럼 나도 민속촌에 한번 가 봐야겠다.
나: 응, 그리고 명절에 가면 특별한 문화 행사를 한다고 들었어. 그때 가면 더 좋을 거야.

A: Where should I go if I want to see the ancient appearance of Korea? I have to do an investigation for my school project. I want to look at the lives of ordinary people, but not the life of a king or his royalty family.

B: Do you know the Korean Folk Village? It's a place made for modern people to see the old Korean villages.

A: Really? I've never heard of it before. Have you ever been there?

B: Yes, there's a lot of houses of the ancient people and living facilities in the Korean Folk Village so you can see and feel how Koreans lived there in the past.

A: I see. Then I should go to the Korean Folk Village, too.

B: Yes, also I heard that there will be special cultural events during the holidays. It'll be better if you go at that time.

2.

가: 요즘 한국 생활이 너무 재미없어. 뭐 특별한 일 없을까?
나: 인터넷을 검색해 보면 재미있는 행사들이 많아.
가: 그래? 어떤 행사들이 있는데?
나: 요즘엔 경복궁이 밤에도 문을 열잖아. 전에 한 번 가 봤는데 밤에 바라보는 경복궁과 주변 야경이 얼마나 아름다운지 몰라. 가끔은 저녁에 연주회가 열려서 분위기가 정말 좋아.
가: 그래? 그럼 가 봐야겠네. 야간 관람 입장권은 어떻게 살 수 있어?
나: 한국인은 인터넷 예매만 가능한데 외국인은 직접 가서 사야 해. 그리고 인기가 많은 행사여서 늦게 가면 입장권이 없을 수도 있대.
가: 그렇구나. 알려 줘서 고마워. 가 봐야겠다.

A: Life in Korea is so boring these days. Are there anything special things going on?

B: If you search on the Internet, there are a lot of fun events.

A: Really? What kind of events do they have?

B: These days, the Gyeongbok Palace even opens at night. I've been there once before and I can't even tell you how beautiful it is looking at the Gyeongbok Palace at night as well as its surrounding night view. Sometimes they open concerts in the evening so the atmosphere is really good.

A: Really? Then I should go. How can I buy the night admission entry tickets?

B: Koreans can only book through the Internet but foreigners will have to go in person to buy them. Also, since it's a popular event, entry tickets might be sold out if you go late.

A: I see. Thank you for letting me know. I should go.

3-5.

가: 안녕하세요? 저는 한국에서 5년째 유학 생활을 하고 있는 왕웨이라고 합니다. 오늘 저는 여러분에게 유학 생활을 할 때 필요한 것에 대해서 이야기를 해 드리려고 합니다.
한국에 오게 되면 가장 먼저 지하철이나 버스, 택시를 타게 되는데요, 서울에서는 꼭 교통 카드를 사세요. 메모지만 한 교통 카드 한 장이면 여러분은 서울 어디든지 갈 수 있습니다. 현금이 없어도 택시에서 요금 결제가 가능합니다. 버스나 지하철은 서로 환승도 할 수 있습니다. 버스나 지하철은 서로 환승도 할 수 있습니다. 그리고 교통카드에 돈을 넣어 두면 이 카드로 편의점에서 물건을 살 수도 있습니다.
그리고 짐이 너무 많을 때는 콜택시를 부르세요. 요즘은 앱으로 택시를 부를 수 있는데요, 앱에서 목적지까지 걸리는 시간과 요금을 확인할 수 있습니다. 또 택시 번호까지도 알 수 있으니까 정말 편리한 서비스라고 생각합니다.
한복을 입으면 입장료가 무료거나 50% 할인되는 곳이 많다는 것도 알아두면 좋은 정보입니다. 특히 한복을 입고 들어가면 관람료가 할인되는 공연이 있으니까 한복을 입을 기회가 생기면 놓치지 마세요.
또 한국에서 유학 생활을 할 때 구입해야 하는 물건들이 많을 텐데 그런 물건들을 싸게 살 수 있는 '오이소' 가게가 있습니다. 그곳에서는 싸고 품질 좋은 물건들을 살 수 있으니까 생활비를 아낄 수 있습니다.
마지막으로 한국의 은행에서 통장을 만들려면 외국인 등록증이 꼭 필요합니다. 그리고 외국인 등록증은 한국에서 휴대 전화를 살 때에도 필요하니까 한국에 오래 있을 예정인 분들은 외국인 등록증을 만드는 걸 잊지 마세요.

A: Hello, my name is Wang Wei and it's my fifth year studying in Korea for now. Today I'm going to share with you some things that you'll need when studying abroad.

When you come to Korea, you'll be first taking the subway, bus, or taxi, so make sure you buy a T-MONEY card in Seoul. With only one memo-sized T-MONEY card, you can use it anywhere in Seoul. Even if you don't have cash, you can use it to pay for the taxi fare. You can also transfer between the bus or subway, and if you load money to your T-MONEY card, you can even buy things at the convenient store.

And if you have a lot of luggage, call a call taxi. These days, you can even use an app to call a taxi, and using the app, you can check the time it'll take to your destination and even the taxi fare. It also lets you know the license plate number of the car, so I think it's a very convenient service.

There are also a lot of places where entrance fee is free or 50% discounted if you wear a *hanbok*, or Korean traditional clothing. This is good information to know. Especially, there are performances where you can receive discounts if you wear a *hanbok*, so make sure you don't miss out if you have the chance to wear a *hanbok*.

Also, you should have a lot of things to buy when studying abroad in Korea, and there is a 'Oiso' store where you can buy those items at low prices. You can buy good quality items for lower prices, so you can save on your living expenses.

Lastly, in order to open a bank account in Korea, you'll need a foreigner registration card. It's also necessary to have a foreigner registration card when buying a cell phone in Korea, so if you plan on staying in Korea for a long time, you should remember to make this card.

Review (Lessons 19-20)

Vocabulary

대표 representative
강의 lecture
전자출결 electronic attendance system
캠퍼스 campus
셔틀버스 shuttle bus
학사포탈 school portal system
주간식단 weekday menu
교내 school grounds
활용하다 to use

Freshmen, last time, I shared with you some apps that would be useful for college life. I hope you gave some of them a try. Today, I'd like to introduce our Hanguk University's representative mobile app "HANGUK TOP", which is an application that you must know about.
The function that you'll use the most in "HANGUK TOP" is the "Electronic Attendance System". You can check your attendance for each of your lectures through the electronic attendance system. You can make sure that your attendance is taken at the lecture hall, but for classes where there are a lot of people or if you arrive right when the class begins, you can use this app function to conveniently mark your attendance. You can also check how many times you're attended the lecture, your absences, and your tardies.
Our school campus is quite large, right? That's why there is a shuttle bus that operates in campus. You can use the "HANGUK SHUTTLE " function to check where the shuttle bus is located right now. You can also reserve for the shuttle bus that goes back and forth the Seoul campus and the Incheon campus. Since our freshmen take courses in Incheon, you'll be using that shuttle very often.
The "My Seat" function is what you'll be using more often during exam times. Through this function, you can reserve a seat in the library during exam times before you even arrive. You can also search for library books and reserve them.
Through the "School Portal" system, you can also check your grades and the classes you're registered in. "Weekday menu" shows you the school cafeteria menu items for the week. And "School facilities" shows you the location of various school facilities and in the "School telephone number" section, you can search for the telephone numbers of each of the school facilities on campus.
To all freshmen, I hope you can utilize this convenient "HANGUK TOP" wisely to have an enjoyable school life.

Jeongwol daeboreum

Jeongwol daeboreum is January 15 in the lunar calendar and marks the first full moon of the lunar year. From the past, this day was considered very important because it marked the first full moon of the year and ancestors believed they could predict whether the harvest that year would be good or bad by looking at the full moon. The next morning, they would wake up early and try to sell heat to their neighbors by saying "Buy the summer heat from me." Through this tradition, they believed that they would be able to free themselves from all suffering related to the hot weather throughout the year. On this day, people eat *ogokbap*, or five-grain rice, and sweet rice with nuts and jujubes while enjoying various traditional folk games like looking at the moon. When the full moon on *jeongwol daeboreum* rose to the highest point to the east, people would go up on mountaintops to make a wish. Some of these traditions still persist to this day. Why don't you try "selling your portion of the heat" to your friends on the morning of the *jeongwol daeboreum*?